「日本のラグビー発祥地 横浜」　新せん横浜全図（明治３年）横浜開港資料館所蔵

1. 1866 年 1 月　ＹＦＢ設立総会会場　ラケットコート（山下町 127 番地）
2. 1868 年頃　埋め立て地グラウンド（山下町 265 番地付近　55m × 55m のグランド）
3. 1874 年 11 月　横浜フットボール協会設立会場（ユナイテッドクラブ　山下町 5 番地）
4. 1901 年 12 月　ＹＣ＆ＡＣ対慶応義塾　試合グラウンド　（現中区横浜公園）
5. 2019 年 8 月　記念碑建立地及び 1865 年開業Ｅ・Ｂ・クラークの父が経営していた横浜ベーカリー（山下町 135 番地）

キックオフの笛が聞こえる

日本のラグビーは横浜から始まった

認証アーキビスト
長井 勉 著

丸善プラネット

まえがき

「キックオフの笛が聞こえる」
――日本のラグビーは横浜から始まった

本書を著すことになったきっかけは2019年9月、横浜・中華街にある山下町公園に「日本のラグビー発祥の地横浜」記念碑の建立である。神奈川県ラグビー協会を中心に企画したこの事業、第9回ラグビーワールドカップ™（略称RWC）2019日本開催の時だからこそ多くの協力を頂き、実現することができた。

そもそも10年ほど前から横浜とラグビーの始まりに興味を抱き、横浜開港資料館や図書館などで気になる記事など追いかけ、収集した記録もこの事業を支えてくれたとも言える。

1859年の横浜開港以来、西洋からやって来た「事の始め」の多くは横浜からである。日本人が導入したのではなく、居留地の西洋人が母国と同じライフスタイルを異国の地に求めた。今では食生活、娯楽やスポーツなどの「はじめの話題」を追うことができる。そのなかで未分化前のフットボールであったラグビーと横浜の紹介、また慶應義塾から始まった日本のラグビーや初めての国際試合を語る本は意外と少ないと感じていた。

歴史をさかのぼれば横浜開港後、外国人居留地が生まれ、尊王攘夷に揺れ動く中に起こった生麦事件（1862年）、その治安維持のために上陸した英国兵士と西洋民間人が1866年1月、横浜フットボールクラブ（YFBC）を設立した。このクラブがアジア最古の〝ラグビークラブ〟であると英国にあるワールド・ラグビー・ミュージアムが認めてくれたことは歴史的な出来事でもある。

ラグビー伝道師と言われるエドワード・ブランウエル・クラークと田中銀之助が横浜・山手にあったヴィクトリア・パブリック・スクール（1887年創設、1894年廃校）で学んだ時が初めての出会いだった。それから12年この二人が慶應の学生に、かつて英国紳士の形成に欠かせないといわれる「ラグビー」を指導したことから1899年に日本のラグビーが始まる。そして120年の時を経て、RWC2019の日本開催、しかも決勝地が横浜になったのは、二人が定めた運命だと言えないだろうか。

さらにRWC2015で南アフリカに、そしてRWC2019でアイルランドとスコットランドに勝利したジャパン（日本代表チームの呼称）、その強さを探るには1901年12月8日までさかのぼる。この日、慶應義塾とYC&AC（当時は「横浜クリケット&アスレティッククラブ」）の日本人初めての試合が横浜公園で行われ、慶應は完敗だった。

クラークは試合後、帰りの車中で「敗北の原因は我々の足が短いこと、現在はいかんともなし難いが、子孫の足を長くするには畳ではなく椅子に座らせることに努力しよう」と選手に語り、彼等の子孫に託した。堅い土のグランドでの長時間の練習、体格では外国人選手に劣る日本人は15人で勝つための戦術研究を重ねた。

そして〝ONE TEAM〟（2019年流行語大賞）を信念に、多国籍プレーヤー（31人の内15人が外国人）をまとめ上げた素晴らしいジャパンをRWC2019で見ることができた。ベテラン戦士トンプソン・ルークの「日本国民全員で、本当に誇らしく、みんなで一緒に一丸となって戦えた大会だったと思います」という言葉に感動を覚える。言い換えれば、「結束」や「犠牲」などを含めた「チームプレー」がひときわ目立つスポーツがラグビーだ。

このように横浜からキックオフされた日本のラグビーがRWC2019のジャパンへと繋がる史話と話題、そして「ラグビー」と命名した英国パブリック・スクールの出来事も掘り下げ、ラグビーのもつスポーツの力も感じ取っていただければ幸いである。

執筆に際して協力を頂いたYC&ACの歴史研究家マイク・ガルブレイス氏、写真などの提供を頂いた日本ラグビー・デジタルミュージアム担当富岡英輔氏（日本ラグビー協会）に御礼を申し上げたい。なお、文中では登場する方々の敬称を略したことをお許し頂きたい。

目次

まえがき　「キックオフの笛が聞こえる」——日本のラグビーは横浜から始まった　iii

序章　世界に発信したラグビーの力とRWC2019レガシー　1

RWC2015、現地で興奮を体験／RWC2019開催実現になった一言とは？／盛り上がったファンゾーンと半端ないビールの消費／予想外の経済効果と余剰金／「突撃インタビュー」in 横浜ファンゾーン／RWC2019後のトップリーグ、「にわかファン」とは呼ばせない／RWC2019が遺した「日本のラグビー発祥地 横浜」記念碑／記念碑建立の経緯／なぜ中華街・山下町公園に建立したのか？／NHKとCATVが募金活動を後押し／記念碑除幕式を終え観光スポットへ

第一章　英国パブリック・スクールとフットボール　19

今でも続く「祭り」としてのラグビーの起源／英国博覧会に展示されたギルバートのボール／楕円球の誕生とウイルスに感染／ラグビー校とアーノルド校長／小説『トム・ブラウンの学校生活』／ラグビー校の実践教育／1823年エリス少年のルール破りとは／エリス事件から100年後のイベント／ラ

グビー校のルール／ラグビーとサッカーの記念すべき日の出来事／英国ラグビー協会（ＲＦＵ）の設立／ラグビー競技規則の発行（１８７１年６月）／レフェリーを定めるルールはいつから？／犬とプレーヤーはホイッスルでコントロール／初めてラグビーを紹介した日本人／菊池大麓、ケンブリッジでプレーした日本人初の留学生／高木喜寛、英国医科大学でラグビーを楽しむ／ラグビー精神の普及を唱えた高木ラグビー協会会長／旧佐賀藩主・鍋島直映、キーズ・カレッジで活躍／「近代オリンピックの父」クーベルタン男爵とラグビー／ラグビー校で学んだ教育と精神の導入／日本でも紹介されたクーベルタンの教育理念／オリンピックへの道をめざし／オリンピック種目に採用されたラグビー／国際舞台に出られなかったフランス人レフェリー

第二章　「日本のラグビー発祥地　横浜」と初めてのラグビーマッチ　51

黒船来航、横浜にやって来た西洋人／外国人の観た日本人と横浜／コレラ禍で起きた生麦事件と初めてのクリケット／横浜に上陸した英仏兵／英国ワールド・ラグビー・ミュージアムが認めたアジア初のラグビークラブ／横浜フットボールクラブ（ＹＦＢＣ）の設立／「横浜フットボールクラブ」の設立会場と「横浜ベーカリー」の所在／英国駐屯兵とスポーツ／旧ゲーテ座の付近にもあったグラウンド／横浜フットボール協会の設立／「パブリック・スピリット」スミスの活躍／山手公園の建設／１８６６年11月、慶応の大火／英語レッスン中の高橋是清、大火に遭遇／ＹＣ＆ＡＣ創設者、Ｊ・Ｐ・モリソンの来日／クリケット・グラウンド建設に奔走したモリソン／大火がもたらしたブライトンの都市改造へ／イラストの試合はいつ、どこで／ＹＣＣ（横浜クリケットクラブ）からＹＣ＆ＡＣへ／

１８９８年、ＹＣ＆ＡＣクラブハウスの再建／１９００年、ＹＣ＆ＡＣのラグビー試合にクラークと田中が参加／ＹＣ＆ＡＣクリケットグラウンド、継続使用の交渉と山手への移転／横浜が日本のラグビー発祥地と言われる理由／ラグビー伝道師田中銀之助と〝天下の糸平〟／「富貴楼」の女将を支援した平八／ラグビー伝道師Ｅ・Ｂ・クラーク、田中銀之助との出会いと英国での再会／銀之助の熱血指導／クラークの実家は人気のパン屋「横浜ベーカリー」／秀才クラークとラフカディオ・ハーンとの出会い／クラーク、ケンブリッジ大に学ぶ／慶應義塾で初めてのラグビー指導／１９０１年ラグビー初試合、慶應義塾対ＹＣ＆ＡＣ／勝てた試合をレフェリーに阻まれた慶應／慶應、ＫＲ＆ＡＣと対戦／慶應、初めてＹＣ＆ＡＣを破る／晩年のクラークと孫娘の来日

第三章　三高ラグビーの創部、早慶ラグビーから〝ジャパン〟の金星　99

「紅の森」で蹴った楕円球／慶應対三高、日本人同士初の試合／日本初の指導書『ラグビー式フットボール』／香山蕃、初めてラグビーと出会う／袴姿のレフェリー？／大阪毎日新聞社主催、日本蹴球大会が国内ラグビー普及を加速／早稲田ラグビーの創部／第1回早慶ラグビーと観戦の規律／早慶戦初勝利の早稲田、29年間無敗の慶應に終止符／１９０８年、日本代表が上海ＦＣと初の国際マッチ？／神戸の頑固レフェリー、慶應選手に蹴られた／１９２５年慶應義塾、日本ラグビー初の海外遠征／１９２７年早稲田の豪州遠征、５戦全敗から学んだものは／日本郵船の破格の運賃で豪州へ／早稲田、初めての40分ハーフ／早稲田の規律と品格が初のテストマッチへ／帰路、全香港に快勝／海外から学んだプレーと豊島園での帰朝試合／40分ハーフの試合はいつから／早稲田にやって来た外国人コーチ

／1927年、明治の上海遠征／人気スポーツは野球とラグビーの時代へ／1934年、豪州学生選抜に勝った学生〝ジャパン〟／1936年、NZ学生選抜の来日／明治の強さを称賛、だがマナーが問題に／低いスクラムの強さとレフェリーの感想／1965年、大西監督強い〝ジャパン〟を求めて／1968年、オールブラックスジュニアを破った歴史的勝利／1971年、惜敗となったイングランド戦／1972年、豪州コルツのラフプレーとグラウンドに入った通訳／1975年、対英国チーム24年目の勝利／1983年、〝ジャパン〟大健闘の対ウエールズ戦／40年目で欧州に初勝利、勝てなかった時代から実力の〝ジャパン〟へ

第四章　〝ジャパン〟、初テストマッチの出来事と高校ジャパンの初海外遠征　141

テストマッチまでの経緯／〝ジャパン〟の初勝利とグラウンドを訪ねて／〝ジャパン〟、初のテストマッチは引き分け／バンクーバー市立図書館を訪ねて／バンクーバー・アーカイブズにて／現地同胞へ与えた勇気と感動／高校〝ジャパン〟の初の海外遠征／負傷した選手のこと／元高校〝ジャパン〟選手へのインタビュー

第五章　「海の向こう」の甲子園と台湾ラグビー史話　155

「海の向こう」の野球チーム・嘉義農林学校／京城師範ラグビー部の創部／園部暢と京城師範の初優勝／3連覇を果たした京城師範／日本統治の時代、ラグビーが与えた感動／「台湾ラグビーの父」／初

のテストマッチに出場した「永遠的13號」の柯 子彰／台湾に楕円球を持ち込んだ人

第六章　横浜ラグビー史……大正期から神奈川県ラグビー協会設立まで　171
横浜高工（現横浜国立大学）のラグビー創部／初の横浜ラグビー対決と横浜公園／横浜市民ラグビー大会の開催／関東ラグビー協会横浜支部（神奈川県ラグビー協会の前身）発足と横浜公園最後の試合

第七章　日本ラグビーデジタルミュージアムとラグビー史の語り部　183
日本ラグビーの記憶アーカイブズ／ラグビー博物館を夢見た田尾栄一／テストマッチの記録編さん者、秋山陽一

参考資料　192

あとがき　永遠のラグビー　茂谷知己　193

主なラグビー年表

1823 年	ラグビー校ウイリアム・ウェブ・エリスによるラグビーの起源
1858 年	日米修好通商条約締結
1859 年	横浜開港
1860 年	西洋人による競馬会開催
1863 年	西洋人が初のクリケット試合
1864 年	西洋人が初の陸上競技大会、射撃大会
1866 年	YFBC(横浜フットボールクラブ)設立 / 慶応の大火 /「横浜居留地改造及び競馬場墓地等約書」締結
1868 年	YCC(横浜クリケットクラブ)設立
1871 年	ロンドンでラグビー協会設立、11 月ラグビー規則の提案・承認
1873 年	イングランド対スコットランド・アイルランド連合（表紙の試合）
1875 年	初のサッカー試合
1876 年	横浜ベースボールクラブ、テニスクラブ発足
1884 年	各種スポーツクラブを吸収合併し YC&AC（横浜クリケット＆アスレティッククラブ）設立
1887 年	ヴィクトリア・パブリック・スクール、横浜・山手に開校しクラークと田中銀之助が学ぶ
1899 年	田中銀之助と E・B・クラークが慶應義塾でラグビーを初めて指導
1900 年	パリ五輪でラグビー採用、フランスが優勝
1901 年	最初のラグビー試合　慶應義塾 対 YC&AC
1904 年	最初のサッカー試合　東京高等師範対 YC&AC
1907 年	群馬県太田中学、ラグビー部創部（日本で 2 番目）
1908 年	慶應義塾 12 － 0 YC&AC に初勝利 /12 月に幻の“オールジャパン”が上海と対戦
1910 年	京都・三高にラグビー部創部
1911 年	日本同士初のマッチ、慶應義塾 39 － 0 三高 / 同志社にラグビー部創部
1912 年	YC&AC（横浜カントリー＆アスレティッククラブ）山手・矢口台へ移転
1917 年	第 1 回日本蹴球大会開催（ア式とラ式大会　大阪毎日新聞主催）
1918 年	早稲田ラグビー部創部
1922 年	第 1 回早慶ラグビー（慶應 14 － 0 早稲田）/ 明治大学ラグビー部を設立
1925 年	慶應、日本初の海外遠征（上海）
1927 年	早稲田の豪州遠征 / 早慶ラグビーで早稲田、慶應に初勝利
1930 年	初 7 人制大会（東大駒場グラウンド）
1930 年	第 1 回テストマッチ、ジャパン対カナダ B C州代表（3 － 3 引分け）/ 国内初のセブンズ大会開催
1936 年	NZ 学生選抜来日
1943 年	田中銀之助（日本ラグビー協会名誉会長）逝去
1968 年	ジャパン、NZ ジュニアに歴史的勝利　23 － 19
1971 年	ジャパン対イングランド　3 － 6 の惜敗
1979 年	ジャパン対イングランド　19 － 21　大金星を逃す
1983 年	ジャパン対ウエールズ　24 － 29　世界を沸かした惜敗
1987 年	第 1 回 RWC 開催（開催地 /NZ・豪州）
1989 年	ジャパン対スコットランドに勝利　28 － 24
1995 年	第 3 回 RWC　ジャパン対 NZ　17 － 145　歴史的大敗
2015 年	第 8 回 RWC　ジャパン、南アを破る　惜しくもベスト 8 逃す
2019 年	第 9 回 RWC　ジャパン、ベスト 8 に進出

序章

世界に発信したラグビーの力とＲＷＣ２０１９レガシー

序章　世界に発信したラグビーの力とＲＷＣ２０１９レガシー

ＲＷＣ２０１５、現地で興奮を体験

２０１５年10月14日、世界のラグビーファンを震撼させた国際試合初のジャパンの快挙、その余韻の残るロンドン・ヒースロー空港の入国審査員は、筆者のラグビー観戦の入国目的を聞き、仕事を忘れてジャパンの活躍ぶりを語った。「信じられないよ、スプリングボクスを（南アフリカ代表のニックネーム）破るなんて。ここでは大騒ぎだ」、こんな賛辞を入国早々に頂いた。

残念ながらジャパンは予選３勝したが、ポイントで及ばず決勝トーナメント（ベスト８）に進出できなかった。しかし運良くチケットが手に入り、準々決勝「ウエールズ対南アフリカ戦」を憧れの「ラグビーの聖地」トィッケナム球技場で観戦できた。まだ先の話だが、英国でのＲＷＣ開催は２０１５年以降いつになるかわからず、この時しか聖地を訪れる時はないと思っていた。

観客７万９千人が来場し、ウエールズのチームカラー赤でスタンドが塗り尽くされた。辺りの客席はウェールズファンで囲まれ、見渡しても日本人はいない。試合開始前から異常な雰囲気に包まれ、気がついたら「ウエールズ」を隣の女性と口ずさんでいた。試合は一進一退の攻防の中、南アが23対19で辛勝したがフルタイムになっても暫く席を立てなかった。こんなに興奮したラグビー観戦は初めてである。

ジャパンの活躍でラグビー人気が復活してきた。２０１９年のラグビーワールドカップの日本での開催、今から４年後が楽しみだ。……以上はどうしても書き伝えたかった２０１５ＲＷＣ観戦後の文章である。

2015RWC イングランド大会
会場とファンゾーン（筆者撮影）

RWC２０１９開催実現になった一言とは？

ラグビーワールドカップ招致委員会の会長だった森喜朗の「ＩＲＢ（国際ラグビー評議会）の主要国の中だけで開催地のパスを廻している」という発言が功を奏したのか、アジア初のＲＷＣの開催が決まったのは２００９年、ラグビー競技人口約10万人の日本がホストとなった。そしてワールドラグビー（ＷＲ）は２０１５年10月に大会スケジュールの発表、２０１９年９月20日に東京で開幕戦を行い、11月２日に横浜で決勝戦を行うと発表した。

２０１８年にはＲＷＣ２０１９大会ビジョンが決定し、成功への４つの柱は、①「強いニッポン」で世界の人々をおもてなししよう、②すべての人が楽しめる大会にしよう、③ラグビーの精神を世の中に伝えよう、④アジアにおけるグローバルスポーツの発展に貢献しよう、となった。

神奈川県・横浜市でも早くから機運醸成に取り組み、特にジャパンのレジェンドによる市内小学校へのタグラグビー学校訪問は２０１６年度から開始、明日を担う子供たちにラグビーの楽しさを提供した。また神奈川県と横浜市による開幕７００日前カウントダウンから各種イベントが開催された。

１年前に行われたブレディスローカップ２０１８（ＮＺ対豪州）には横浜国際競技場には約４万６千人の観客数を記録した。この年末には「一生に一度が神奈川・横浜に！」の広告入り年賀はがきを34万枚販売した。確かに大会1年前、オリンピックは周知度は高いが、「２０１９年の国際的なスポーツイベントは何か」と友人に聞いても正解率は20％位だった。だが開幕３ケ月前には横浜市民なら80％以上が正しく回答し、ラグビーの関心は急に高まったと感じた。

ファンゾーンの盛り上がり

ファンゾーンと桜木町駅前（筆者撮影）

盛り上がったファンゾーンと半端ないビールの消費

ラグビーワールドカップ２０１９開催中、ファンゾーンとなった横浜・臨海パークには13日間、約15万人のラグビーファンが来場した。当初、臨港パークと聞いた時、JR桜木駅から徒歩約20分に位置するので集客力を心配したが予想を完全に覆す結果だった。

横浜国際総合競技場
（写真提供：神奈川県ラグビー協会）

例えば、開幕戦ジャパン対ロシアは約9千人、NZ対南ア1万7千人、特にジャパンの試合では対アイルランド1万5千人、対サモア1万6千人、対南ア1万7千人となり入場制限を実施した日もあった。ケータリングの総売り上げは1億3千万円以上、飲んだビールは５００㎖なら10万2千杯に相当する。

大会中の独占販売権を持つ公式スポンサー「ハイネケン」は9～10月の2か月間では対前年２８２％の大幅増を記録したという。ハイネケンビール製造のキリンビールは、９月から前年比２・５倍の増産体制にシフトした。なんと売り子を全国12会場で約1千６００人も動員した。国内ビールメーカーも負けじと１１０％以上と販売を増加した。サッカーの試合の6倍のビール消費量といわれるラグビーファンにとって品切れだけは回避しなければならなかった。

これまで日本のラグビーファンはビールが大好きという話は聞かされてはいなかったが、外国人ファンに同調し、瞬く間にビール片手にラグビー観戦スタイルが定番になってしまった。実際、筆者が横浜でアイルランド対スコットランド戦を観戦した時、隣の若い男性はスコアのたびにビールを注文していた。

ところでサッカー試合の場合、アルコール飲料販売を禁止したこともあった。いや、今でも禁止のスタジアムもある。友人から聞いたこんな話を思い出した。「１９８５

年5月サポーター同士の争いで39人も亡くなった『ヘイゼルの悲劇』（UEFAチャンピオンズカップ決勝、リヴァプール対ユベントス）は酷い話だ」、時には暴徒化するフーリガン対策が悩ましい。

かつて貧しい青少年たちや労働者が、酒を飲みながらサッカーを応援してストレスを解消した時代の背景には、英国病に悩み、依然として存在する階級社会から締め出された人の球技場に限定した「はけ口の場」であったかもしれない。すでに過去の話だ。

さて横浜のファンゾーンでは開場を待つ人々が早くから列を作り、RWC期間中は横浜一の人気のスポットとなった。早い時間から芝生にシートを敷いての席取りは、海辺の花火大会を連想させた。臨港パークは、まるでファンゾーンために作られた公園のようだった。競技場に行かなくてもラグビープレーの臨場感を味わえ、現場の観衆とファンゾーンの観衆が一体となってジャパンを応援した情景はまさに「ワンチーム」と言える。ちなみに全世界のテレビ視聴者数は前回大会比26％アップの8億5千人は驚異的な数字だ。

会場内には、大型ビジョンでのラグビー観戦だけでなく、キッズから大人も楽しめるアクティビィティーも設置、特に遊具を利用したミニラグビーの体験はキッズにラグビーの面白さを伝えることができたはずだ。その他神奈川県の地酒、忍者や日本文化体験、協賛企業のハイテク機器の紹介などを楽しめた。このラグビーアクティビティには神奈川県ラグビー協会の関係者が朝からお手伝いをした。

このファンゾーンには多くの外国人ラグビーファンがやって来た。いや、こんなに横浜で外国人を見たのは初めてだ。そして、彼らの多くはハイネケンを片手にキックオフ前から大いに盛り上がりを見せ、会場はビールの匂いで覆われた。

何といってもこの大会を支えたのが1万人募集に3万8千人の応募あったボランティアの方々だ。競技会場、ファンゾーンだけでなく、アクセスに必要な道や駅周辺で見かけた。彼らの温かいホスピタリティが大会を成功に導いたと感じた。

予想外の経済効果と余剰金

一体どのくらいのお金を横浜に落としてくれたのか。横浜市において10月に4試合開催した消費調査によれば、訪日客のクレジット使用額が約15億円となり、昨年同月の2倍以上になった。試合前後にホテルの宿泊やコンビニ店のアルコール飲料購入などに1日平均3千300万円が消費された。一方、訪日客230人に聞いたところ試合当日に横浜市内の宿泊は約28％にとどまった。その理由は旅行パッケージに含まれていなかったからだという（読売新聞2020年6月8日付）。

例えばニュージーランドから来た筆者のレフリー仲間の日程を記すと、2週間滞在期間中に2試合を観戦、試合の合間に京都・奈良を観光した。毎日居酒屋を巡り、締めは必ずラーメン、特にとんこつ系ラーメンにハマったようだ。自国に帰っても懐かしく、忘れられない味だと言っている。

神奈川・横浜以外の地域の場合、ジャパンがアイルランドを破った静岡では「シズオカ・ショック」と海外で報じられ、RWCの大きな効果が見られた。静岡経済研究所の調査によると、11月2日までの大会期間中にエコパスタジアム、ファンゾーン（静岡市と浜松市）、キャンプ地などの来場者消費は予測の2倍近くの182億円となり、外国人旅行者（観客の20％）1人当たりの消費額は県内観光に伴う宿泊費や交通費を含めて平均で20万円という想定外の金額となった。

結局、日本ラグビー協会（以下JRFUと略す）の発表によれば、RWC日本大会の経済波及効果は約6千400億円となり大会前の予測より約2千億円も多く上回った。組織委員会によれば、観客動員数が約170万人（台風による中止の3試合を除く）、1試合平均3万8千人だった。チケットは約184万枚が売れ、ほぼ完売だった。そして全国16カ所のファンゾーンには約114万人が来場した。そして訪日客は約24万人、一人当たりの宿泊数は16日、消費金額が68万円だったという（読売新聞2020年6月25日）。

同委員会は約68億円の黒字を確保し、レガシー事業へ3つの基金（新秩父宮ラグビー場にラグビーミュージアムの設置、ラグビーを通じた地域活性化活動、日本とアジアでのラグビー振興などの各事業に20億円）がＪＲＦＵに引き継がれた。また131自治体による連携協議会の設立も決めたという（同紙2020年3月11日付）。

例えば、開催自治体に支給するとすれば、平均約1千500万円となり、専用ラグビーグラウンド不足の解消とラグビー普及に利用できないものか。知恵の出し比べで実効性ある資金の配分を期待している。

「突撃インタビュー」in 横浜ファンゾーン

2日間（2019年10月26日と11月2日）で約20名の外国人にマイクを向け、フレンドリーな対応を頂いた6組の方々を紹介したい。なお、出版物に写真を掲載することを了解頂いた。

アイルランドのサポーター

――アイリッシュ？

そうだ。（シャツを）見ればわかるだろう。

――ジャパンが勝った試合は見ていた？

もちろんさ。アイルランドが当然勝つと思ったけど。ジャパンは強くなった。

――日本は初めて？　印象は？

そう初めてだ。京都に行って日本文化を見てきた。日本は素晴らしい国だ。そしてみんな親切だね。

――今日はどう楽しむの？

イングランドを応援するよ。その後ラーメン食べたいな。明日帰るけどまた来たいね。

イングランドのサポーター①

――いよいよ決勝で南アと対戦が楽しみですね。

実は10月12日に英仏戦を観戦予定でしたが、台風で中止になり残念です。

――その後日本滞在していたのですね。

いいえ、一度帰国して、再来日しました。

——よくチケットが取れましたね。

色々手を尽くしてゲットしました。イングランドは優勝しますよ。

——日本の印象は？

街がきれいで、日本人は親切ですね。

イングランドのサポーター②

——お話ししていいですか？この格好、気合が入っていますね。

いいよ。勿論さ。必勝を祈っているよ。

——イングランドは今大会ディフェンスが良いですね。

バランスのいいチームだと思うよ。間違いなく南アに勝つさ。

——ラグビー仲間と来日？

会社の仲間とやって来た。日本は新幹線があるから便利だね。九州にも行ってきたよ。

——休暇はどのくらい？

2週間あるが、帰ったら忙しいだろうな。

ニュージーランドのサポーター

——家族でNZから来たの？兄弟？

はい、オークランドから3家族で来ました。いとこ同士です。

——NZは負けてしまったが。

応援したけど負けた。残念だけどしょうがないです。

——もちろんラグビーやっているよね。いつから。

5歳から始めました。学校でラグビーやっています。今10歳です。

——このファンゾーンはどう？

遊具使ったアクティビティーがあるから楽しいよ。NZにはないから。

——お父さんやお母さんはどこにいるの。

芝生の上でビール飲んでいます。

——将来はオールブラックスをめざして頑張って下さい。

ウエールズのサポーター①

—ウエールズからですね。

勿論さ。ＲＷＣは毎回応援に行っている。

—いつウエールズの試合を観ましたか。

実はチケットが取れなく、こうしてファンゾーンで楽しんでいる。会場に行けなくても応援できるからね。

—ウエールズは1点差でフランスを破った。準決勝の相手は南アですね。

相手はフィジカルが強いが、ウエールズが僅差で勝てるかも。

—日本は初めてですか？

以前2回ほど来たことがある。浅草やスカイツリーにも行ったよ。

—日本食は何が好きですか？

天ぷらやお寿司は最高だね。

—次回のＲＷＣはフランス開催ですね。

勿論行くよ。

ウエールズのサポーター②

—ナイスカップルですね。いよいよ今夜決勝ですが。

ありがとう。わくわくします。この日のために日本に来ました。

—相手は南アですが。

手ごわい相手ですね。きっと勝ちますよ。

—いつ日本に来たのですか？

10日前よ。九州、広島、大阪、京都の観光もしてきました。

—日本の印象を。

日本人は優しいですが、シャイなところもありますね。伝統文化を大事にする国だと知りました。でもラグビーでこんなに盛り上がるなんてすばらしいですね。

—このファンゾーンは初めてですか。

横浜に宿泊し、近くにあるので来ました。港のそばで、きれいな場所ですね。

RWC2019後のトップリーグ、「にわかファン」とは呼ばせない

2020年1月12日トップリーグが始まった。素晴らしい活躍をしたジャパンの戦士のプレーをもう一度観たいファンが会場にやって来た。各地で開催された6試合で観衆9万2千人を超えた。神戸製鋼対キヤノン戦には2万3千人が神戸ユニバー記念競技場に詰めかけた。両チームにはジャパンの戦士（山中亮平、中島イシレリ、モエアキオラ、ラファエレ・ティーモシー、田中史朗、田村優）が多く、ラグビーファンを引き付けたのも原因だ。

ファンが足を運ぶ理由を筆者の思いつくままに挙げてみると、RWC2019開催中に試合を観る機会が増え、選手の名前と顔が一致したこと、ルールも以前よりかわかるようになったこと、ジャパンと同じジャージーを着用して応援したこと、家族で盛り上がり、特に子供がラグビーに興味をもったこと、TV、新聞の報道でジャパンの前大会以上の戦いを期待しベスト8に入ったこと、攻守交替の烈しいラグビーの魅力を感じたこと、ジャパンのフェラーリと言われる両WTB福岡と松島の活躍が目立ったこと、連日TVのワイドショーで取り上げられたこと、元ジャパンのレジェンドがアンバサダーやイベントに活躍したことなどの理由はあるが、これまでのジャパンの実績とファンに応えるプレーの高いスキルと鋭いタックルも逃せない。

筆者の関わっている神奈川県ラグビー協会でもトップリーグ5試合を主管し約4万人を集めた。キックオフ2時間以上前から長蛇の列となった。ある試合ではスポンサーから子供たちに用意したミニボールも約600個をプレゼントしたのも成功の要因で、同協会の収益面では思いがけない結果を残した。

さらに詳細に記すと、1月12日開幕戦の東芝対サントリー2万1千人、ヤマハ発動機対トヨタ自動車1万3千人の数字で示すように人気と実力をあるチーム同士の一戦にはファンも詰めかけてくれる。結局第一節は一会場平均1万5千人となり素晴らしいスタートを切り、RWC2019で点火した新たなラグビー熱はさらに燃え広がった。

そして昨年までの年間総観客数46万人の90%を3分の

1の試合消化の時点で達してしまった。しかし、新型コロナウイルスによる感染症対策による影響によって16チーム総当たりの15節全120試合開催の予定が48試合（約42万人）で打ち切りとなったのは痛かった。このまま開催されれば、今季の観客動員数の目標60万人どころか100万人も夢ではなかっただろう。本当に残念でたまらない。

だがトップリーグやサンウルブズの応援ファンは426万人（2019年スポーツマーケティング基礎調査：三菱UFJリサーチ&コンサルティング）となり1年前と比べて127万人も増加した。

RWC2019が遺した「日本のラグビー発祥地 横浜」記念碑

ワールドラグビーのビル・ボーモント会長は「RWC2019は、最高の大会のひとつであり、私たちが愛するラグビーに新たな観客をもたらしたという点で非常に画期的でした。全世界のラグビーファンを代表して、このようなすばらしく、謙虚で、歴史的なホスト国であった日本と日本人に、心の底から感謝したいと思います」と語り、40日以上に亘る170万人が体験した楕円球の祭典は「スポーツのすごさ」を日本に、世界に遺してその幕を閉じた。前回大会2015年終了後から本番に向けて携わってきた開催地の神奈川県・横浜市の職員の方々に心より敬意を表したい。

そこでRWC2019のレガシーを考えてみると、その意味に「遺産」だけでなく「金字塔」もあるという。元来、金の形をした建造物（塔）、例えばピラミッドのことを指すようだ。次世代につながる偉大な作品のことを「金字塔」と呼ぶなら、「日本のラグビー発祥地 横浜」の記念碑はまさに永久に持続可能な石材加工した「金字塔」だ。そして貴重な浄財を頂いた約400の名前を刻んだ記念碑はRWC2019のレガシーでもある。そこで横浜・中華街に建立した経緯をお伝えしなければならない。

記念碑建立の経緯

筆者と記念碑

除幕式のJRFU会長、神奈川県知事、横浜市長他

2019（平成元）年2月3日、記念碑建立協議会（丹治明代表）を発足し、3月末から開始された記念碑建立の浄財を募った結果、5月末には約400名の方々から協力を頂いた。横浜市から認可を得て8月半ばから設置工事を開始、月末に完成した。そして9月5日の除幕式を迎えることができた。改めて当協議会役員、神奈川県ラグビー協会役員及び関係者、神奈川県内チーム、企業などの諸団体の方々に厚く御礼を申し上げたい。

思い起こせば2010年春頃、YC＆ACのマイク・ガルブレイスから1866年設立の「横浜フットボールクラブ」（以下YFBCと略す）が日本ラグビーの始まりだと聞いたことがきっかけで、記念碑建立を企画した。そうなると2019年、しかもRWC2019の開幕前までに記念碑を完成させねばならない。問題は設置場所だった。そこで横浜市ラグビー協会の沼田昭司会長が行政の方々に話をしたところ、前向きな検討によって二、三の設置候補地を頂いた。その一つが中華街・関帝廟通りに面する山下町公園である。そして中華街に関わる発展会などの諸団体に記念碑建立の説明をし、ご理解を頂いたのは2018年の暮れの押し迫った頃だった。年明けから筆者は碑文を草稿し、横浜開港資料館の監修を頂いた。この文には1866年から1901年の横浜とラグビーに関する歴史的出来事を刻んだ。そして英訳はYC＆ACにお願いした。以下に記念碑に刻んだ和文を紹介する。

〝日本で最初のフットボール（ラグビー）発祥地 横浜〟

1866年1月26日、日本で最初のフットボール（ラグビー）クラブである横浜フットボールクラブ（YFBC）が、ここからほど近い山下町127番地でイギリス人を中心とする横浜在住の西洋人たちによって設立されました。ラグビー発祥の地、イングランドのラグビー・ミュージアムは、このクラブを日本だけでなくアジアで最初のラグビークラブであるとも認定しました。

イラストは、イギリスの雑誌に掲載された横浜のフットボール(ラグビー)の試合の様子です。1873年12月に造成中の横浜公園でイギリス人たちがおこなった試合だと考えられます。当時のフットボールはラグビーとサッカーとが未分化のスポーツでしたが、このイラストや記録から現在のラグビーに近い試合だったことがわかります。

その後、1901年12月7日、横浜公園で慶應義塾のラグビークラブと横浜クリケット&アスレティッククラブ（YC&AC、横浜在住外国人のスポーツ社交クラブ）がラグビーの試合をおこないました。慶応義塾の学生たちはともにイギリス留学経験をもつ英語教師E・B・クラーク（横浜出身）と、田中銀之助にラグビーの指導を受けており、国内で初めてラグビーの試合をおこなった日本人は慶應義塾の学生たちだと考えられます。

このように1859年の横浜開港後にやって来た西洋人たちが横浜外国人居留地（現在の山下町・中華街や山手町）で楽しんでいたラグビーやサッカー、クリケット、テニス、競馬、野球などの西洋のスポーツは、やがて日本人の間にも広まっていきました。

神奈川県と横浜市の両ラグビーフットボール協会は皆様のご協力をいただき、ラグビーワールドカップ2019™の日本開催を記念して、この碑を建立しました。

なぜ中華街・山下町公園に建立したのか？

1883年頃の清国領事館（横浜開港資料館所蔵）

會芳楼をモチーフにした公園内の東屋

　この山下町公園の住所は山下町135番地、奇しくも慶應義塾にラグビーを初めて指導したE・B・クラークの父ロバートが1865年8月に開業した「横浜ベーカリー」があった場所である。その後、ロバートは1871（明治4）年には山下町129番地に移転し、信仰の厚いロバートはそこに礼拝の場所を設けたという。

　この地にレストラン・シアター「會芳楼」が1871年から7年間営業し、後に清国領事館へと姿を変えた。今では山下町公園内にその建物をモチーフにした東屋が「會芳亭」として設置されている。會芳楼は劇場と料亭を兼ねたレストラン・シアターのような施設だった。時には中国からの名優を招き、また西洋人のアマチュア劇、日本人の綱渡りなどの曲芸もここで披露された。

　1883（明治16）年8月、會芳楼の跡地に清国領事館が完成、山下町145番地からここに移転した。横浜の清国領事館は、横浜の中国人の他に築地や函館の居留地に暮らす中国人も統括し、在日中国人を支えたが、1912年9月の関東大震災で建物は崩壊した。

　1958（昭和33）年には他の市有地と交換となって、横浜市に所有権が移転された。そして翌年山下町公園に生まれ変わった。今では敷地内に山下町内会館もあり、住民活動の拠点にもなっている。同町栗田繁夫会長には記念碑協議会の副代表になっていただき、幸いにもミーティングに際しては会館を使わせていただいた。この公園には風水では龍脈が流れていると言われ、中華街に住む中国人が大切にしている土地である。

　余談であるが、横浜開港資料館発行の『開校の広場69号（2000年8月）』によると「関東大震災によって中華街にいた1千700名の方が尊い命を落とされ、当時領事館跡地で荼毘に臥せられた。2000年6月に同公園の改修工事が行われた際に瓦、レンガ、陶器類の破片など見つかり、これらは過去から未来へのメッセージである」と記している。

「なぜ中華街に記念碑」という問いかけに、この山下町135番地にパン屋のご縁があったこと、また公園の裏手にあたる山下町127番地にあったと言われる「ラケットコート」でYFBCの設立総会が1866年1月26日に開催されたことも理由になるだろう。そして徒歩圏内には1901年12月にYC&ACと慶應義塾の初の日本人ラグビー試合をしたグラウンド（現横浜公園）もあったことから記念碑建立地の理由となった。

NHKとCATVが募金活動を後押し

記念碑の募金活動が始まり、メディアに取り上げられるようになった。6月中旬NHK横浜放送局は、大スター加山雄三出演の生放送であのイラストの話とラグビー発祥地横浜を取り上げてくれることになり、一緒に出演させていただいた。

大スターと NHK ラジオで

「横浜ミストリー」
日本ラグビーが生まれた街

彼は1873年のラグビーマッチのイラストを見るなり、「何にこれ！　ちょんまげの人がラグビーを見ている！　すごい！」と驚きの声を挙げた。80歳を超えていると聞いたが若さの秘訣は食生活にあると語っていた。同席したキャスター岡田美咲は除幕式の司会を務めてくれた。その後、NHKテレビ「ひるまえほっと」（首都圏版）の中で横浜公園での日本人が初めてのラグビーの

試合を解説した。

同局は開幕日の9月20日、ジャパン対ロシア戦のキックオフ直前スペシャル番組を組み、その中で横浜がラグビー発祥地であることを再度取り上げていただき、元ＡＫＢ48篠田麻里子同席のスタジオで18時から生放送で出演した。交際日ゼロで年下の美容師と結婚したと言われている彼女だが、顔の小さなファッションモデル然とした姿に暫し見惚れた。

２０１９年6月頃だったか、神奈川県ラグビー協会事務所に「横浜ラグビー物語」のような番組を制作したいので協力が欲しいと横浜・川崎地区を中心にＣＡＴＶネットワークのＹＯＵテレビの若手ディレクターがやって来た。話を聞くと図書館で調査するなどシナリオもしっかりと準備されていた。

ＦＭ放送「ＮＡＣＫ５」で夕方の時間ＤＪを担当している元文化放送女子アナの小尾渚沙が明るく、歯切れの良い声で進行役を務める「横浜ミストリー」（日本ラグビーが生まれた街～横浜からノーサイドを世界に～）の中でロケ地山下町公園とＹＣ＆ＡＣで彼女のインタビューに答えた。

この番組は日本のラグビー発祥地横浜のことだけでなく、失われつつあるノーサイド精神を神奈川のラグビースクールから発信していることにも触れて素晴らしい出来栄えだった。

記念碑除幕式を終え観光スポットへ

当初除幕式を7月頃と考えていたが、出席者などの都合でワールドカップ開幕2週間に迫った9月5日になった。その日を迎えるまでの3か月間は土木事務所の許可申請、警察署への説明、山下町内会、石材会社、イベント会社などの折衝で多忙を極めた。8月に入り、目標を大きく上回る浄財を皆様から頂いた。

除幕式のシナリオから警備まで未経験の仕事だけに不安を感じたが、幸いにしてイベント会社の協力を得て当日はスムーズな運営ができた。当初は森喜朗元首相の出席の予定だったたが、1週間前にキャンセルとなったのは警備上幸いだったとも言える。

除幕式には黒岩祐治神奈川県知事、林文子横浜市長、森

重隆ＪＲＦＵ会長、岡村正同会名誉会長などの来賓の方々にお越しいただいた。当日は約２００名も集まり、獅子舞も除幕式に大いに花を添えた。そこで改めて英国を起源とするラグビーの歴史をひも解き、ラグビーの力を考えてみることにしたい。

第一章

英国パブリック・スクールとフットボール

第一章　英国パブリック・スクールとフットボール

今でも続く「祭り」としてのラグビーの起源

太古の昔からボールを蹴ることが人類の遊技の一つなら、それは人、場所を問わずに発生したと考えるのが自然かもしれない。エジプトで発見されたという4千年前のボールがどこかの博物館にあるという話を聞いたことがあるが定かでない。

諸説が多く、紙面を割けないので、中世から伝わる「懺悔火曜日のフットボール」が村の祭りとして今でもイングランドに伝わることが配信され、またNHKでも2002年に「熱闘7000人～これがサッカーのルーツだ～」が放映された（サッカーという言葉が気になるが）。

ヨーロッパの人々は、キリストの復活を祝い、明るく暖かな春の訪れを感じると冬の悪魔を追い出すお祭りを行ってきた。イースター（復活祭）は一般的には3月下旬から4月上旬に行われるが、その日から日曜日を除く46日前にキリスト教の謝肉祭（カーニバル）が行われる。

世界には様々なお祭りの形式があるが、英国ほぼ中央に位置するダービーシャーのアシュボーンの町ではフットボールを取り入れ、四旬節の前日にあたる「告解の火曜日」に行われている。これが「ロイヤル・シュローヴタイド・フットボール・マッチ」である。このフットボールは、1929（昭和4）年に当時の英国皇太子が試合開始のスローインをしたので「ロイヤル」と名付けられ、今でも英国においてフットボールの起源と言われている。2020年は2月25日と26日がその日に当たった。ちなみにボールは水にも浮かぶようにコルクを詰めたものだ。

英国ではかつて君主たちは国内暴動につながることを恐れてこのスポーツを禁止したこともあった。中世時代に村人たちが目印になる所までに手で扱い、またはキックしてボールを運ぶお祭りの様な「村のフットボール」である。しかしながら、ゲームの正確な起源や昔の記録は実行委員会の事務所が火災で消滅したが、１６３０年代に始まったと言われ３９０年の歴史がある。

食事の節制や祝宴の自粛がされる「断食（Lent）」が始まる前日に、うまいものを食べてみんなと大騒ぎして楽しく過ごすために村の対抗戦としてフットボールが考えられたのであろうか。今では伝統的な文化である。

試合はアッシュボーンの中心を流れるヘンモア川を境に上手と下手の2チームに分かれ行われる。町の中心部に人々は集まり、地元の名士によるボールのスローインによってゲームは開始される。町中がフィールドと化しいたる所でボールの争奪戦が行われ、数キロ離れた水車の軸受け跡をゴールとして決着するまで行われる。このような「村のフットボール」がパブリック・スクールの「校庭のフットボール」に変化していった（https://www.vice.com/jp/article/ywq3kb/shrovetide-football）。

https://eventnuz.com/shrovetide-football/

ゴールである水車の軸受け跡で
勝利したメンバー

英国博覧会に展示されたギルバートのボール

ＲＷＣ２０１９で使用されボールメーカーが「ギルバート」だと知っている人は相当のラグビー通だ。１８５１年5月から10月までロンドンのハイドパークで世界初の国際博覧会が開催された。別名「水晶宮博覧会」とも呼ばれ、約5ケ月間で６００万人以上の入場者で賑わった。

博覧会終了後、ロンドン郊外に移設された水晶宮は、面積を広げ植物園、博物館、ホールなどを持つ巨大な施設となった。１８７２（明治5）年8月、岩倉使節団がロンドンに着き、ここを立ち寄った記録がある。

「広大な館内外は１日回っても見切れない。英国社会の安定と繁栄を感じた」という驚愕の感想を同行した久米邦武は記している。(『米欧回覧実話』)この水晶宮、1936(昭和11)年に火災で焼失し、跡地は今では公園となっている。

博覧会場の水晶宮
https://www.ndl.go.jp/exposition/data/R/005r.html

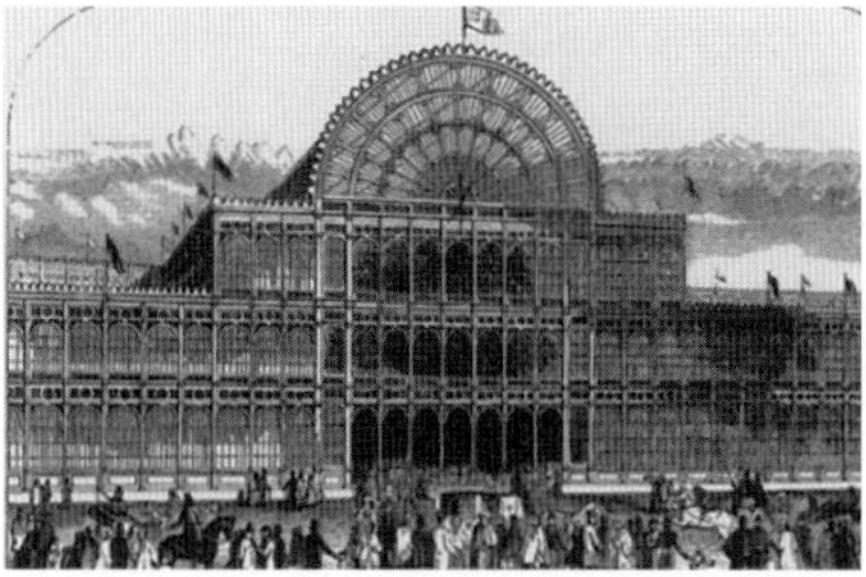

RWC2019で使用のギルバートのボール

この英国博覧会は18世紀末から始まった英国の産業革命によって勝ち得た繁栄を世界に誇る絶好のイベントであった。その会場にラグビー校で使用されているギルバート製のボール2個が展示された。

靴屋のウィリアム・ギルバートは1800年代の初め、おそらくラグビー校でフットボールが行われた頃からボールを作ったのだろう。小説『トム・ブラウンの学校生活』(トーマス・ヒューズ著・岩波文庫)の中でボールが弾む様子が「ドサッ、ドサッという鈍いボールの音が聞こえてくる」と描かれ、弾みのないボールであった。皮で作られた球形体の中に豚の膀胱を膨らませたものを入れたボールだった。エアポンプのない時代、ギルバートはなんと自分の息で膨らますことができたという。

ギルバート社のホームページによると1823年、ラグビー起源となる伝説的なエリスの行動で使われたボールがギルバート製だという。創業者ギルバートが1877年に亡くなり、甥のジェームスが引き継ぎ年間2千800個のボールを生産したこともある。当時のボールは楕円ではなく、スモモの形だと伝わる。

ラグビー校のトーマス・アーノルド校長(1795~1842)が亡くなった1842年、ギルバートはラグビー市マシューズ・ストリートに仕事場を移動したので、ラグビー校の学生との付き合いは一層深まった。

１８６０年代にラグビー校に在学していた選手はギルバートのことを「愉快な人でいたずら好きな僕らと友達の様に接してくれて、肺活量は並外れたものだった。ポンプがまだなかった頃試合用ボールをパンパンに含ませてくれた」と語り、選手の要望を聞き入れながらボールの開発にも努めていた。

ラグビー校のルールではゴールの上をボールがクリアしないとゴールにならないので、より高く飛ぶボールの制作に応えた結果、ボールの形は楕円球になったというが本当だろうか。それよりも１８４６年に作られた37条からなるラグビー校独自のルールの中にはフェアー・キャッチができることやボールを持って走ること、投げることもできるボールの形が求められ楕円球になったと考えるのが妥当かもしれない。

さて博覧会に出展された理由を調べてみると会場内の出店カテゴリーは「教育用備品」として紹介されていた。つまりラグビー校使用のボールが青少年へのスポーツ教育の道具であると認めたからである。楕円形のボールを通じて世界に通用する人材をめざしている英国教育をこの博覧会から発信していた。それがアーノルド校長によるラグビー校の教育改革の成果だった。

言い換えれば、アーノルドが行った学校の礼拝堂での説教は生徒の人格形成に大きな影響を与え、社会的な奉仕、義務、精神を教えるものだった。１個の楕円球の争奪から人間形成に必要なスポーツに対する心がまえも学ぶことができる。それがフットボールのもつ力だ。

楕円球の誕生とウイルスに感染

英国ラグビー協会（ＲＦＵ）が試合で使用する楕円球をルール化したのは１８９２年のことである。それまではスモモの形で完全な球形ではなかったがチームが増え、大会も多くなるとボールを統一する必要があった。

ギルバートの店で働いていたリチャード・リンドップが独立し、ボールの製造を始めたのは１８６１年、オックスフォードなどの大学にボールを納入したという話がある（『ラグビーの世界史』トニー・コリンズ）。

当時は皮の小片を縫い合わせ、中に豚の膀胱を入れて膨らませるボールを製造したが、膨らませ役のリチャードの妻が肺の病気で亡くなった。動物のウイルスが感染したのだろう。そこでゴムを使って、弾性を大きくする硫黄処理によって利用しやすいゴムができたおかげで楕円形ボールが作られるようになった。ボールを膨らますエアポンプもリチャードが考案したという。

しかしギルバート社のホームページによれば1875（明治8）年にリチャードによってパスのしやすいボールが開発されたと記されている。したがってギルバートの初期のボールから50年以上を費やしてボールの研究成果をルールに反映したことになる。

結局、リチャードは妻を失った悲しみと引き換えにラグビー界に功績を残した。だが製造特許を取っていなかったのが惜しまれる。

ラグビー校とアーノルド校長

ラグビー校はイングランド中部のウォリックシャー州で2番目に大きな人口10万人の都市ラグビーにある。この学校は1567年にエリザベス1世の御用商人でもあった実業家ローレンス・シェリフが設立、当初はラテン語を教えることを目的にしたグラマ・スクールであったが、豊かな財産と礼拝堂などを設備して道徳的人間形成をめざすアーノルド校長が赴任した1828年にはすでにパブリック・スクールとなっていた。

1800年代前半までは英国では学校教育を受けられる子供はエリート階級の子弟でわずかだった。近代国家の中枢を担うエリート養成機関としてパブリック・スクール（名門私立中等学校）は誕生した。その起源は中世の文法学校（グラマースクール）とされ、ラテン語教育に力を注いでいた。それはラテン語がヨーロッパの共通言語であり、聖職者、外交官、法務官などにとって必須の科目であったためだった。しかし、貧しい家庭の子供を無償で預かる制度もあった。

初期のビクトリア時代のパブリック・スクールは独自の学校社会を形成していた。それは教師の監督・介入を受けず、生徒が自治権をもち干渉されない時代、いわゆる「悪徳の温床」と言われた時が続いた。また教師が中産階級出身で生徒が上流階級出身であればおのずと英国社会独特の階級の壁ができ、それが1800年代には

アーノルド校長

ラグビー校

教師への反抗事件となる。たとえばウィンチェスター校では１８１８年生徒が暴力的に反抗する事件で警察官が動員されたこともある。その障害を除くのに必要な指導こそがアーノルド校長による改革だった。

　アーノルドは33歳の時にラグビー校長に就任し47歳まで務めた。アーノルドはキリスト教の教義による道徳主義を中心として、学生たちの自由意志と個性を尊重し、その豊かな成長を図るとともに学生たちの行動の自主性と責任感を説いた。人の心を動かすことにたけているアーノルドの指導は死後数年を経てから高い評価を得た。具体的には、クリケットやフットボールで学んだフェアプレー、チームワーク、規律、誠実、礼儀、勇気、結束などは強固な意志と健全な肉体を備えた英国紳士を形成するのに重要な役割を担った。当時７つの海の覇権国家と言われた英国の植民地政策を支える人材を多数輩出しており、卒業生の中には横浜にフットボールを持ち込み、楽しんだ若者もいたようだ。明治期の横浜で活躍したジョージ・ハミルトンはその一人だ。

　上下関係の構築に必要な制度の下、ラグビー校は「キリスト教徒の紳士」を養成する機関となった。そこには西洋の騎士道精神も根底にあるようだ。勇敢で名誉を重んじ、敵から逃げない「ラグビー精神」は、日本の武士道とも通じるものがある。武士道における５つの徳目に「仁、義、礼、智、信」は世界のラグビーの統括組織である「ワールドラグビー」が定めたラグビー憲章「品位、情熱、結束、規律、尊重」と重なる。

　特にアーノルド校長による画期的な改革を収めたラグビー校は大学入学試験の合格率は高く、彼の薫陶を受けた生徒は優れた人物として評価されたという。

小説『トム・ブラウンの学校生活』

ラグビーとパブリック・スクールは切り離せない。小説『トム・ブラウンの学校生活』に載っているラグビー校での1800年代の学校生活を描写した一部を紹介する。

「坊ちゃん、いよいよラグビーに着きましたよ。先にお話ししたように校長寮のディナーまでにはたっぷり時間がありまさあ」。馬車の老車掌が新入生トム・ブラウンに語った言葉だ。

ラグビー校に初めて足を踏み入れた時の一コマである。きっと同じような体験をしたと想像する著者トーマスは11歳でラグビー校に入学し、その後オックスフォード大学で法律を学び、弁護士の資格を得て兄と1853年に法律事務所を設立した。法律事務に携わりながら、この小説を書きあげ、1857年に匿名で出版し、9か月の間に5版を重ね大好評の小説だったという。この小説は1800年代のイギリス社会とパブリック・スクールと教育改革者アーノルド校長を描いている。

トーマスのラグビー校入学のきっかけは、トーマスの父がオックスフォード大学で学んでいる時にアーノルドと知り合い、父が彼の人柄に惚れ、その後ラグビー校の校長をになったアーノルドに我が息子を託したという。

話はそれるが、1870年代後半、トーマスはラグビー村というユートピアを建設するために、自書の販売で得た財産で米国テネシー州に土地を購入、入植しようとした。ラグビー校でアーノルドの実践教育をめざし、米国にラグビーの普及を狙ったのかもしれない。あるいはクーベルタン男爵がラグビー校から学んだラグビーと教育をフランスに導入しようとしたのと同じような考えだ。だが「政治的な圧力がかかった」という理由で実現しなかったという。なぜ米国テネシー州に夢を求めたのか不明である。

ラグビー校の実践教育

そもそもは村の祭として行われていた荒々しい「フットボール」だが、上流階層の子弟が通うパブリック・スクールで行う団体スポーツに採用されて19世紀に発展した。全寮生活の中で上下関係の規律をつくる制度（ファッグ制度＝最上級生から選ばれた〝監督〟が下級生に雑用を命じる習慣）があり、フットボールはそれを維持するのにふさわしいスポーツだったからだ。

小説に戻るがトム・ブラウンが学校に着くと声をかけたのはイーストだった。彼の叔母さんからトムが来ることを予め知り、面倒見るように伝えていた。早速校内を案内してくれた。トムはイーストが11月なのに白いズボンをはいていることを尋ねた。今日はフットボールの対外試合の日で、選手の白いズボンはハッキング（脛蹴り）を望んでいないこと表すためだった。

キャプテンのブルックはイーストをクォーターに起用した。トムは「ブルックって誰のこと」、「そりゃ君、昼食のとき名前を呼びあげた大男のことさ。彼は全校通じての代表生徒で校長寮のチームの主将でラグビー校きってのキックと突進の名手なんだ」（中略）「ブルックは僕にもさせてくれないかな」、「駄目だよ」イーストはいささか腹立たしげに言った。「だって君はルールを知らないじゃないか。ルールを覚えるのに1ケ月はかかるよ。それに試合で矢面に立つのは全く冗談事じゃないからね。（中略）何しろこの学期になって鎖骨を折ったのが二人、びっこになったのが十何人もいるんだからね。去年は一人、足を折ったっけ」と会話をしながらイーストはトムをグランドに連れて行った。

18フィートの高さの2本の棒が約40フィートの間隔を置いて地面にまっすぐに立っていて、それに約10フィートの高さに、横木が張り渡してあるものだった。イーストは「これが一方のゴールだよ」と言った。

ルールについてイーストは以下のようにさらに詳しく説明している。「ところで試合は3つのゴールの2つを争うのだ。つまり、ゴールに2回ボールを蹴りこんだ側が勝つのさ。ただしだね、2本の柱の間を通るボールだったら、高いのはどんなに高くてもいいのさ。またボールが味方の柱の後に転がり込んだ場合には、それに触れるようにゴール内にいなきゃならないのだ。敵方にそれに触られたらゴールにトライされたことになるからね」。

イーストのポジションはバックスなので続けて「我々バックスの連中はゴールのすぐ前のここで活動して敵方の大きい連中がボールに追いつかない内にボールをとらえて蹴り返さなければならないのさ。大きな連中は全部、僕の前方で活動するわけだよ。スクラムのできるのも大抵はそこだね」とトムに説明した。

これらの内容からトライ後のキックが成功すればスコアになること、自陣に来たボールは早く蹴り出さなければならないこと、その他決められたエリア（競技区域）からボールが出たら最初に触った人が2列に並んだ間にボールを入れることなども決められていた。トムの登校初日の試合では白ズボンをはいていれば脛蹴りはないので怪我は少なく、乱暴なルールも改善されていた。ここで言うスクラムとはボールの奪い合いで選手が塊になっている状態をさすのだろう。

また各学校独自のルールがあるのでゲーム前の調整に苦労した。例えば、ウィンチェスター校では下級生に境界線（タッチラインやゴールライン）を定めるために一列に並ばせ、その中から選ばれたファッグ（特定の上級生に付く従僕の下級生）2名を選び、ゴールライン上に足を開いて立たせて、その間にボールが通過すればスコアになるルールもあった。

１８６３年の競技規則ではゴールポストは8フィート（約２・４ｍ）の間隔を空けた2本のポストがあり、その間を通過すればゴールとなった。しかし、2年後には2本のポストにクロスバーが設置された。初期の競技規則では競技エリアにラインを引くことが書かれてなく、四隅にフラッグを1本立てることは言及されていた。グランドにラインを引くことが明文化されたのは１９０２（明治35）年からだ。

１８２３年エリス少年のルール破りとは

１８１６年12月に11歳でラグビー校に入学したウィリアム・ウェッブ・エリスは、事件のあった１８２３年には級長を務めていたから優秀な生徒だった。当時のエリスのことを友人の一人は「エリスはクリケットの選手だった。そのエリスがボールを持って前へ走ったのは知っている。しかし、その時笛が吹かれたかどうかは、結果がどうなったか覚えていない」と述懐したが、周りの人々が唖然とする出来事だったに違いない。

当時の情景を次のように描写されている。「１８２３年11月のすがすがしい日が来た。百人以上の少年がビッグサイド（校庭）に集まった。（中略）大きくパントが挙げられた。その時突然他方の競技者の群れからエリスという若い学生が飛び出た。（中略）はげしい努力で彼はまさにボールが地に打たんとした瞬間にボールを捕らえた」。

ラグビー校で行われていたフットボール
（ワールドラグビーミュージアム）

　当時のルールでは、プレー中に手でボールをキャッチすることは違法ではない。しかし、相手はキャッチした地点までは前進できるが、そのキャッチした地点から後退して味方の選手がキックするまでは相手は動けない。

　ではなぜエリスは伝説となったのか。ランニングインはエリスだけが犯した反則行為者だったのか。調べてみると、『世界ラグビー基礎知識』（小林深緑郎著）から得たヒントを参考にすれば以下の様に言えないだろうか。

　作家トーマス・ヒューズがラグビー校に入学した１８３４年頃、ランニングインは禁止ではなかった。それ以前の１８２０年代には反則行為のランニングインを試みる者もいたそうだ。１８３０年代後半にはジェム・マッキーという快速ランナーが出現し、ランニングインを認める方向にならざるを得なかった。そして１８４６年にラグビー校ルールとしてランニングインが文章化された。つまり繰り返された反則の実績がルールとして認められた。

　考えてみれば、ボールを持ったら相手ゴールをめがけて走る行為はプレーヤーにとって自然であり、見ていても面白い。さらに上位関係の厳しいラグビー校なら先輩選手が反則を犯しても後輩は文句を言えまい。このエリスの反則プレー「ランニングイン」が伝説的な「ラグビー」の決め手の定説となったが、エリスは当時、反則行為の先駆者のひとりとなっただけと解釈すべきか。伝えられる話なら、ジェム・マッキーの方がカッコ良かったかもしれない。

エリスは1825年ラグビー校を卒業、オックスフォード大のブレスノーズカレッジ入学し、卒業後は牧師に任命されエセックスのマグダレン・レーバー教区長となった。1872年に鬼籍に入った。いきなりボールを持って突進した伝説の人のような捉え方もあったが、以外と地味なタイプかもしれない。その後は牧師を天職として人々に慈悲深く接したに違いない。

エリス事件から100年後のイベント

見事に晴れた1923（大正12）年11月1日、ラグビー校のグランドで100年前に起こったエリスの出来事を記念してイングランド・ウエールズ代表対アイルランド・スコットランド代表の試合がファン注目の中、キックオフされた。21対16でイングランド・ウエールズ連合が勝利を飾った。この記念試合の狙いはラグビー校の歴史的なグラウンドが忘れ去れ、無視されていることを憂いて、何とかアピールしたかったからだという。

そして1924年のシーズンには英国を訪問したオールブラックス（ニュージーランド代表）が海外遠征チームとして初めてラグビー校に招かれた。12月校内を見学中にエリスの功績を記念する「ドクターズウォール」の銘板の前に立った。ラグビー校の校長は彼らに「ここから君たちは始まったんだ」と言ったという（ＪＲＦＵ機関紙1989年Ｖｏｌ．39／3）。

ラグビー校のルール

1846年9月7日、ラグビー校の校庭〝ビッグ・サイド〟の朝の会で認められたルールがある。ここにはオフサイドルールがあり、37項目に及んでいる。トライはゴールの権利獲得が基本の時代、今のラグビールールに近い内容の主なルールを取り上げるとすれば、

1　フェアー・キャッチはキッカーからの直接の捕球

でなければならない。

２　もしボールが自分の後方で自分の味方の一人に触れたならば相手方がそのボールを蹴るまでその競技者はオフサイドとなる。

３　いかなる競技者も、その人自身がボールをホールディングしているのでなければヘルドすることはできない。

当時のルールではボールのパスは認めていないが、ボールの前にいるプレーヤーの制限、ボール保持者にしかホールドできないなど現ラグビーのオフサイドルールとほぼ変わらない。

また「脛を蹴ると同時に掴むことはできない」、「踵で脛を蹴ってはならない。また膝より上を蹴ってはならない」などと書かれている。相手を蹴ることが合法だったルールは後にラグビーとサッカーが分化する際の重要な決め手になってくる。

ラグビーとサッカーの記念すべき日の出来事

１８６３年10月26日にロンドンの居酒屋フリーメイソンズ・タバーンでクラブチームやパブリック・スクールの代表者が集合し、ルールや運用に関する組織として協会を設立する会議が開催された。サッカー協会（ＦＡ）の設立はこの日としている。

そして１８６３年12月１日英国蹴球協会の規約起草委員会の第５回会議が開催された。議題はサッカーとラグビーの基本的に異なる点を議論し14条の内２項目を削除することだった。

第９条「フェアー・キャッチまたは第一バウンドのボールを受け取ったプレーヤーは相手のゴールへ突進する権利が与えられる。しかしフェアー・キャッチの場合は「マーク」と宣言した後でなければ走れない」、第10条「ゴールに突進してゆく相手のプレーヤーは自由にチャージし、ホールドし、トリップ（つまずかせる）あるいはハッキング（脛を蹴る）し、または奪取してもよい。しかしホールドとハッキングは同時にしてはならない」この２つのルールに論争が起きた。

サッカーの基本となるケンブリッジルールの採用を主張する多くの委員に対して、ブラックヒースクラブのキャンベルが異議を唱えた。「ハッキングを好まないと主張するような人にルールを決める資格はない」と決めつけたが、一方「ハッキングは恐ろしいもので、フットボールの普及の立場から反対する。ハッキングを認めたなら中学生すらプレーすることを嫌い、学生間でフットボールが行われなくなるだろう」と主張した。

多くの意見が出たが投票の結果13対4で9、10条は削除され、同時にブラックヒースは同会を脱会した。そして12月8日の第6回会議を経て、全14条から成るアソシエーション式フットボール（サッカー）のルールが誕生した。

英国ラグビー協会（RFU）の設立
……校名がスポーツ名に

1871（明治4）年1月26日　ロンドン・ポールモールレストランにE・C・ホルメスが招集したブラックヒース、リッチモンド、ウエリントン・カレッジ、ガイズホスピタル、ハレクイン、キングズ・カレッジ、セントポールズなどの代表が参加し、協会の運営規定、競技方法、ルール、役員の選定などを審議することになった。審議前に「我々の団体名をラグビーフットボール協会と呼称する」と提案され、参加者の賛同を得て、ラグビー校の校名を団体名とした。今からおよそ150年前のことである。

そして5か月後に提案された59項目からなる「Proposed Laws of the Game」が承認された。1項目にはいきなりドロップキックの蹴り方の説明から始まり、インプレー中に起きること、例えばタックル、スクラム、フェアー・キャッチなどに関する諸規則が書かれている。

トライはゴールを得られる権利が与えられるというルールだからキックでゴールが決まる。試合の勝負については7項目目に「A match shall be decided by a majority of goals.」とあり、後にdecideとbyの間にonlyが追記されている。「ゴールの多いほうが試合を決する（勝利する）」が勝敗の定義である。

結局ラグビー校ルールを基本としたものになり、このルールで最初の試合が行われたのはイングランド対スコットランドだった。スコットランドが勝ったが、トライだけではスコアにならないルールだ。選手の数は20対20、ＦＷ13人、ＨＢ３人、ＴＢ１人、ＦＢ３人だった。15人制のラグビーの開始は１８７６（明治９）年からである。

ラグビー競技規則の発行（１８７１年６月）

どうしても１８７１（明治４）年にＲＦＵから発行された競技規則を見たくて、英国ラグビーミュージアムのフィル学芸員から送っていただいたのが「Proposed Laws of the Game」であり、59項目が記されている。その中から5項だけを和訳して紹介する。

１「ドロップキック」または「ドロップ」とは、ボールを手から落とし、ボールが立ち上がった瞬間に蹴る。

２「プレース・キック」または「プレース」は、ボールを静止させるために地面に作られた切れ目に入れた後、ボールを蹴ることによって行う。

３「パント」とは、ボールを手から落とし、地面に触れる前に蹴ること。

４「各ゴール」は、２本の支柱が地面から11 ft（約３・３ｍ）を超える高さで、かつ18 ft ６（約５・６ｍ）離れた位置に地面から10 ft（約３ｍ）の位置にクロスバーを置く。

５「ゴール」はクロスバー上でフィールドオブプレー（どちらの側のプレーヤーの服や人にも触れずに）から直接ボールを蹴ることによってのみ得ることができる。

かつてサッカーとラグビーの分化の焦点になったのが「ハッキング」や「クリッピング」だった。規則の56項で「どのような場合でもハッキングやトリッピングは禁止である」と規定されている。

その他気が付いた点では「ボールを持っている場合、その時点でオフサイドにいる相手は、５ヤードを走るまでそのプレーヤーを開始したり、走ったり、タックルしたり、または中断したりできない」というルールはキック後のオフサイドの基本的なルールで今でも変わらない。また「ブーツや靴のいずれの部分に釘や鉄板を付けていれば試合に参加することはできない」というのは危険な凶器使用への罰則だ。

1871年に制定された競技規則
ワールドラグビーミュージアム所蔵

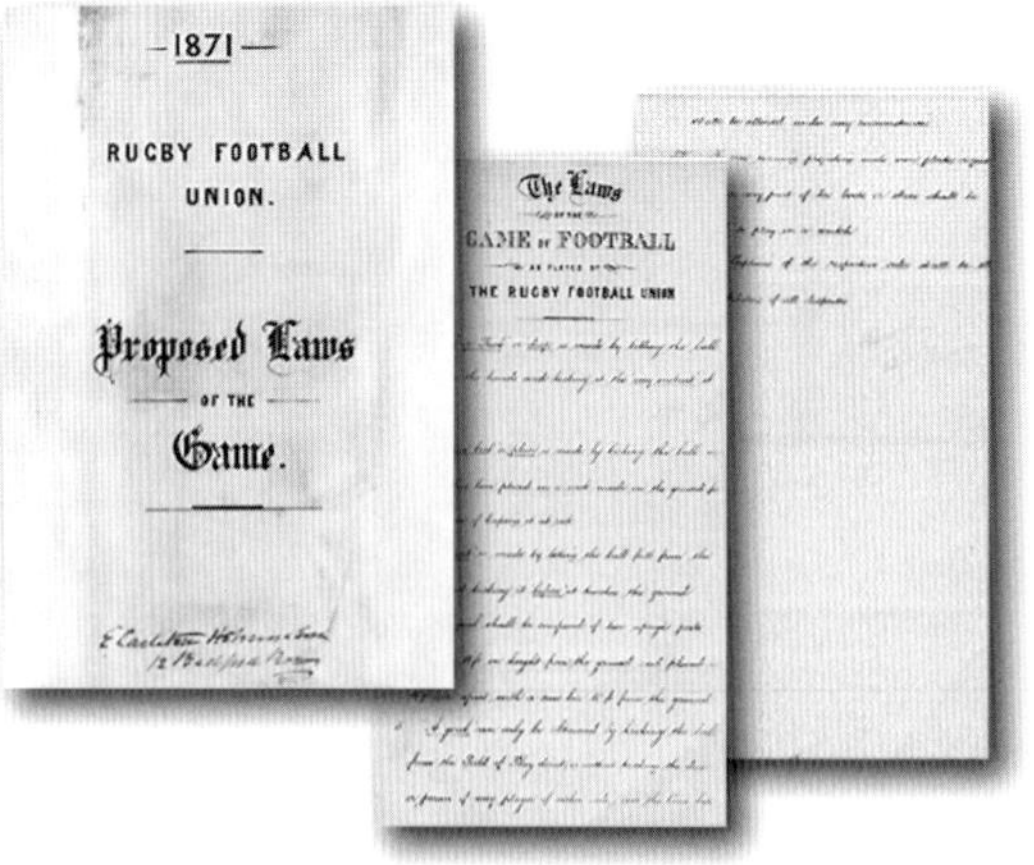
1871
RUGBY FOOTBALL UNION.
Proposed Laws of the Game.
The Laws of the Game of Football as played by the Rugby Football Union

レフェリーを定めるルールはいつから?

この規則では「レフェリー」についての説明項目はなく、最後に「The captain of the respective sides shall be the sole arbitrator of all disputes.」（それぞれのキャプテンはすべてに紛争の唯一の仲裁者である）とあり、ゲーム中の反則などはキャプテン同士の話し合いで決めるのでレフェリーはこの時には存在しなかったことになる。そこでワールドラグビーミュージアムから情報を頂き、以下に1893年までの出来事を記したい。

1875年の改正では、アンパイア（審判員）の任命に関する規定が設けられたが、それは必須ではなく、アンパイアが不在のまま、キャプテンが唯一の仲裁者となった。後に規則は「いずれかの側のキャプテンが規則に基づいて異議を申し立てた場合、そのキャプテンはラグビー協会の委員会に上訴する権利を有する」とした。

さらなる変化が起こった。ラグビー協会は1885年9月の会合で、審判とレフェリー指導規則案に合意した。ラグビーの試合で初めて「レフェリー」という言葉が使われ、レフェリーと審判員の役割は明確であり、その任命は必須になった。
　レフェリーは「対戦するクラブの代表者あるいはキャプテンのいずれかの同意を得て」選ばれることになっていた。どのように審判が選ばれたかについては言及されなかった。さらに審判はスティックを携行し、レフェリーには笛が与えられるようになった。ただし、レフェリーは両チームから選出された一人のアンパイアがスティックを上げるまではジャッジができなかった。レフェリーとアンパイアのジャッジが一致しないと反則がとれないことになる。

1885 頃のレフェリー［左端］
（JRFU 機関誌 1960 年 Vol.10 /2）

　１８８９（明治22）年には２人のタッチジャッジまたは２人の審判員を任命できるように法律が改正された。タッチジャッジを使用することが決定された場合、彼らの役割は、決められた側でタッチプレーに関する決定を下すことに限られていた。審判は判定の権限を持っていなかったが、レフェリーに権限が委譲された。ＲＦＵ議事録には、この変更の理由は記録されていない。
　１８９３年にはさらに改正が行われ、レフリーと２人のタッチジャッジの指名がルールで義務付けられた。レフェリーにはホイッスルが与えられ、ホイッスルを吹いてプレー状況を明確にすること、またタッチジャッジはスティックの代わりに旗を与えられた。タッチジャッジ同士で判定に同意したことを示すために立てられたスティックとは違って、ボールがタッチになった時とボールがタッチになった場所でのみフラッグを掲げられることになった。これらのルールは１８９２年9月15日に開催されたＲＦＵ総会で採択されたが、議事録には変更が望ましいと考えられた理由は記載されていない。
　時系列で英文を記せば以下の様になる。

1866 – 2 umpires must be provided (Rugby School Laws)

1871 – "The captains of the respective sides shall be the soles arbiters of all disputes" (RFU Laws)

1875 – Umpires may be appointed if desired, otherwise as in 1871 (RFU laws);

1884 – Scotland v Wales fixture = 1 referee but no umpires

1885 – 2 umpires and a referee required

1889 – 2 umpires or 2 touch judges and a referee required (RFU laws)

1893 – a referee and 2 touch judges required.

犬とプレーヤーはホイッスルでコントロール

ラグビーのゲームでホイッスルの利用を考えた人がいるのでは、と調べてみた。かつてジャパンのコーチを務めたエリサルドの書いた本を読んでいたら偶然知り得たので紹介する。「１８７１年のある日、よくレフェリーを務める教授が飼い犬と共に散歩していた。いつものように呼び笛で犬に指図した時にひらめいた。犬を従わせることができるのだから、ラグビー選手も同じように。このアイディアをキャプテンたちに告げたところ同意してくれた。ただ耳元でがんがん吹かないでいただきたい」と。

1871年3月　初テストマッチ　イングランド対スコットランド）
『The Illustrated News』（1871/ 4 /22）

ホイッスル使用をひらめいた教授はどこの誰だか不明であるが、１８９３（明治26）年のルールからホイッスルのことが競技規則書で明文化された。それまではレフェリーは大きな声でゲームをコントロールしていたのか。

ちなみに、動物に対する呼び笛を制作してきたアクメ社は創業１８７０年の歴史ある会社である。現在のようにレフェリーの権限などが明文化されるのは１８９４年のことだ。そして１８９５年には国際委員会で「レフェリーの裁定は絶対であること」が決まった。

初めてラグビーを紹介した日本人……英国で見たフットボール「ラグベ」

ラグビーを観戦して帰国後、その想い出を記したのは高橋義雄（１８６１～１９３７）、その著書『英国風俗鏡』は「准亭居士」というペンネームで１８９０（明治23）年12月に発刊した。米国に１８８７年滞在し、その後渡英したので現地滞在は１８８８年から１８８９年と思われる。

初めて訪れたロンドンについて「ロンドンは天下の大都なり。人口は４７０万人……」で始まり、「植物園」、「下宿屋」、「家庭教育」、「オックスフォード大学生」、「競馬」、「寺院」、「田舎」、「芝居」など多岐にわたるテーマで見たまま、感じたままを文章にしている。この中に「蹴鞠《けまり》」がある。本書からラグビーに関する個所を現代用語に置き換えて要約して紹介してみたい。

「英国にて体を操練するのは遊技二つあり、クリケットと蹴鞠である。この二遊技は英国特有のものにして豪州、カナダ、米国等英国人の移住繁殖したる土地柄には自らこの遊技は流行しているが、欧州大陸諸国にては絶えてこれを演ずるものなし。（中略）蹴鞠は運動量もすこぶる荒く、時として怪我を負うものさえあり。蹴鞠の遊技は総勢22人より少なからず、28人より多くない人数より成り立ち、この人数を折半して一方に11人もしくは14人ずつ立ち並び、双方のゴールに鞠を蹴り込みたる者が勝利を占める事にして、総勢で一個の鞠を取り合う。二人の審判役がいて、よく双方の秩序を保ち、勝敗上に争論

『福沢諭吉をめぐる人々　高橋義雄』
（『三田評論』on line）

「ラクベ」を紹介した『英国風俗鏡』
（国立国会図書館デジタルコレクション）

あるときは万端その判決に服して、これに背くことはできない。この蹴鞠には二種類あり。一つは「アソシエーション」と言い、一つを「ラグベ」と言う。アソシエーションの方は足のみで鞠に手を触れざるが、故に遊技柔和にして怪我もほとんどない。ラグベの方は手を以って鞠を取り合うが、故に鞠を追って互いに押し合い押し重なり、その下に圧せられたる者は怪我をし、呼吸を絶つとなきにあらず」。

上記の内容からすれば、サッカー（ア式フットボール）とラグビーの試合を観戦し、この二つを比較して特徴を記し、特にラグビーの荒々しさを強調している。1888年頃であればサッカーとラグビーのルールはすでに分化している時であるが、なぜ「ラグベ」としたかは明らかでない。

英国人はスポーツ好きの国民で休日には野外の運動を楽しんだ。高橋の推測によれば、ナポレオンにワーテルローで勝利したのもクリケットや蹴鞠で身体を鍛えたからだという。明治期、日本でラグビーの本と言えば、群馬県太田中学や京都三高に持ち込まれた慶應蹴球部が作成した「ラグビー式フットボール」があるが、観客の立場で、かつサッカーと比較しながらの英国のラグビー紹介は高橋の著書の他に見当たらないようだ。

ところで高橋は何者か。調べてみると福沢諭吉と縁がある。1881年に慶應義塾で1年間学んだ後に福沢の主宰する『時事新報』の記者となった。若くして上手い文章の書き手のようだ。だが、ある生糸実業家の支援で1887年ニューヨークのイーストマン商業学校に学び、現地のデパートに興味をもったことが縁で帰国後、

1895年三越に務め、「デパート」という形態の基礎を日本で初めて作った人であった。

ニューヨークで学んだ後、英国(ロンドン、リパブール)に渡った。この時に視察した記録が『英国風俗鏡』である。経営能力が認められ三井系の企業の役員にまで昇りつめたが50歳で引退し、優雅なことに茶道の世界に入ったという粋な明治の人だ。

菊池大麓、ケンブリッジでプレーした日本人初の留学生

田中銀之助が英国留学する15年前に英国でラグビーをプレーした最初の日本人は菊池大麓（1855〜1917）である。後に学習院長や京大総長を務めた菊池は、東京大学の前身である開成所で9歳頃には大人に英語を教え、秀才振り発揮したのは横浜フットボールクラブが設立された1866年のことだ。

わずか11歳の年に最年少で徳川幕府初の留学生として英国に渡った。大麓の父箕作秋坪は緒方洪庵の適塾に学び、幕末の洋学者で教育家であり、祖父箕作阮甫は幕末の蘭学者だった。後に大麓は父の実家菊池家を継いで菊池大麓になった。

1870（明治3）年末に第二回目の英国留学に出発したのは大麓が15歳の時である。2年数か月振りにユニヴァーシティ・カレッジ・スクールに戻った。

ユニヴァーシティ・カレッジ・スクール（UCS）在学中はボート部書記やコックスとしても活躍し、運動競技委員も務めた。トニーという馬上で行うスポーツに参加したこともある。数学・物理学で名高いキーズ・カレッジ在学中には未分化のフットボール（ラグビーとサッカー）の時、ラグビーに近いルールでプレーをした最初の日本人でもある。

『破天荒〈明治留学生〉列伝』の著者小山騰が詳しく次の様に説明している。「菊池は1872年に学校代表としてフットボールの試合に3軍フィフティーンと対戦した、という記録がUSC発行の校内誌にある」という。ではこのフットボールはラグビーなのか。UCSの1軍がキングズ・カレッジと対戦した時のことを、「試合は3時過ぎから始まり、ムーアが素晴らしい走りを見せ

菊池大麓

てタッチダウンしたがトライは失敗だった。何度も元気よいぶつかり合いがグランド中央であったが、キング側の評判の激しいハッキングを披露することはなかった」と同誌に書かれている。

この試合で「ぶつかり合い」、「トライ」、「ハッキング」の言葉があるのでラグビーと思われる。事実、1871年にラグビー競技規則が誕生したばかりなので不透明な部分もあるが、伝えられる言葉からすればラグビーと言っても良いだろう。

このスクールでは、菊池はギリシャ語を除いて首席で卒業した。特に数学ではトップの成績を残し、クラスメイトから秀才ぶりをねたまれたが、どうしても菊池を抜くことができなかったという。

1873（明治6）年10月、ケンブリッジ大学とロンドン大学に進んだ。ここを選んだのは数学で有名だったからだろう。ケンブリッジ大学で日本人初めての留学生として物理と数学を学んだ。菊池はケンブリッジ大学学士と修士、ロンドン大学理学博士、グラスゴー大、マンチェスター大、ラトガース大学での名誉法学博士号も取得した。

帰国後、数学教育に尽力し、幾何学教科書の基準となる『平面幾何学』を著しただけでなく、1890（明治23）年から貴族院議員も務めた。その在任中に濃尾地震（1891年10月28日）が発生した。菊池はいつやって来るかわからない地震研究の必要性を国会で説き、震災予防調査会を発足させたこともあった。

1877（明治10）年には22歳で東京大学理学部教授となり、近代数学を初めて日本に紹介した。同大学の総長を務めた後、1904年から学習院院長に就任した。学習院にラグビーを持ち込みたい銀之助は、慶應義塾に支援を求めたこともある。松岡正男は当時のことを「海江田平八郎と田中銀之助氏邸に招かれ、学習院の方々と西洋式の晩餐の饗を受けたことがある」と語る。

この頃から学習院大では慶應義塾の選手がラグビーの指導に来たこともあり、そのことが時事新報に「昨年ころからラグビーを練習している」（1905年5月20日）と書かれ、練習風景を見た人の話もある。

菊池は当時院長として陰ながら応援していただろう。銀之助はボールなども提供しラグビー創部を期待したが、学習院大のラグビー創部はずっと遅く1928（昭和3）年だった。

また菊池が学習院から転じて、京都大学の総長を務めた1910（明治43）年頃と言いえば、慶應義塾の間島進が従弟の堀江卯吉にラグビーを紹介したあたりと重なっているようだ。1914年ラグビー部の組織化前のことだったが、菊池はグラウンドでラグビーの練習を時には観察していたかもしれない。

家族の話に移るが、菊池の長女は憲法学者として名高い美濃部達吉と結婚している。東京都知事だった美濃部亮吉は菊池の孫である。菊池が駆け抜けた時代はまさに明治維新後の近代化をめざす日本と共に生き抜いた時だった。だから何をするにも「開拓者」の称号は外せない。菊池は日本ラグビー協会（JRFU）設立前の1917（大正6）年8月、63歳の生涯を閉じた。もっと長生きされたらJRFUの役員として活躍されただろう。

高木喜寛、英国医科大学でラグビーを楽しむ

高木喜寛（1874～1953）の父、高木兼寛は海軍軍医総監をも務め、脚気の治療に尽力し男爵を授与され、渋沢栄一の主治医を務めたこともある。高木は田

前列右端が高木
（写真提供　マイク・ガルブレイス）

高木喜寛（『JRFU80年史』）

中銀之助の学習院で後輩にあたる。1883(明治16)年、学習院初等科に入学、1890(明治23)年6月英国留学に発った。

1891年(明治24)年にはロンドンにあるキングス・カレッジ、1894(明治27)年にはロンドン大学セント・トーマス医科大学に入学、そして1899(明治34)年までセント・トーマス病院の外科医として研鑽を積みながら、1843年設立のガイズ病院ラグビークラブのメンバーとなりプレーを楽しんだ。

帰国後、1903(明治36)年頃には慶應義塾の三田綱町グランドで銀之助と学生にラグビー指導、また自らラグビーを楽しんだこともあったという。

ラグビー精神の普及を唱えた高木ラグビー協会会長

12年間の英国生活を終えてからは東京慈恵医院医学学校教授兼外科部長に就任、虫垂炎の早期手術を提唱した医師である。同東京病院長や戦後慈恵会医科大学の学長を歴任した。男爵の互選によって貴族院議員も歴任した。そのような関係から銀之助に頼まれて関東ラグビー協会会長に就任、その後創設されたJRFUの初代会長に就任したのは1928(昭和3)年、その後25年間会長職を務め、日本のラグビーに対し常にフェアプレーを提唱し、ラグビー界の発展に寄与した。特にラグビーというエキサイトすることの多いスポーツから応援団を排除し、下品なヤジを許さないマナー向上の功績は高木の真骨頂だ。1953(昭和28)年1月鬼籍に入った。享年78歳だった。

『アサヒスポーツ』(昭和12年1月)の「名士漫訪」の中で、高木は当時オリンピック問題(結局、1940年幻の東京オリンピックに終わったこと)の最中、JRFUと比較して「ラグビー協会はラグビー経験者しか役員になれない。事務員以外は無報酬だから面倒なことは起こらないはずだ」と語り、そして「IOC委員の嘉納さんは柔道やられた方だからいいが、副島さんは運動に関した人ではないから我々は心服できない」とオリンピック委員会に期待していない様子だ。副島とは副島道正のことで戦前オリンピックの招致に努力し成功したが後に日本開催を断念した人である。

　また他のスポーツ団体のことから指導者のことまでをこう話している。「日本の運動界でごたごたが起きるのは精神訓練が行き届いていないからだ。野球は職業団ができたからかえって浄化されていいだろう。体のいい奴は学科もできなくてはだめだ。指導者が悪いばっかりに学科をおろそかにするようなことになる」と毒舌を吐いている。野球については、当時アマチュア野球の時代で応援方法に規律（応援過熱の早慶戦のように）がなかったので、プロなら礼儀良くなると期待したようだ。

　薩摩藩士の家系、高木にスポーツ精神論を話したら止まることを知らない。だから戦時下の１９４１（昭和16）年、高木は「ラグビー精神は我が国武士道精神と同一で実に建国の精神である。したがって我がラグビー協会において、今後様々な方法によってこの精神を全国の若き国民に普及する（以下略）」とスポーツ精神の高揚はラグビーが特に優れていることを呼びかけたこともあった。

旧佐賀藩主・鍋島直映、キーズ・カレッジで活躍

　旧佐賀藩主・鍋島家の12代当主だった鍋島直映《なおみつ》（１８７２～１９４３）は１８９１年（明治24年）３月に英国リーズ・スクールに在学。そして１８９５年、23歳の時にキーズ・カレッジに入学し、歴史学を学んだ。この学校でスポーツが得意で小柄ながら運動神経もよくハーフバックスとして活躍した。英国における菊地、高木、銀之助に次ぐ日本人４人目のラガーマンとなった。

　１８９８年12月にケンブリッジ大学を卒業し、１８９９年８月に帰国、１９０４年外務省嘱託となり韓国や満洲に出張するなど農業調査を嘱託されて活躍し

鍋島直映
（公益財団法人　鍋島報效会所蔵）

た。帰国してからラグビーとの関わりの記録を探したがないようだ。

　先代が亡くなってから家督相続・侯爵を継ぎ貴族院議員となった。１９４３年（昭和18年）、73歳で亡くなったが、生前は能楽・絵画・揮毫・漢詩・ゴルフ・写真・狩猟・自動車など多種多彩な趣味の持ち主だった。

　直映の嫡男である直泰は名ゴルファーで全日本アマチュアゴルフ大会三連覇を達成した。クラシックカーの収集などでも有名である。

「近代オリンピックの父」クーベルタン男爵とラグビー

　フランスからラグビースクールを視察したピエール・ド・クーベルタン男爵（１８６３～１９３７）を紹介したい。彼のなすべき職業は貴族出身としての保障された財産によって政治家、教育者、軍人に限られていた。ちなみに彼の生まれた１８６３年は英国ア式フットボール協会が創立された年だった。

　クーベルタンはイエズス会の中学校に入学し、ラテン語、ギリシャ語を学び、法学、社会学、経済学などを専攻した。画家である父から芸術に興味を覚え、１９１２（明治45）年の第5回ストックホルム大会から芸術競技も開始された。これはクーベルタンの強い要請によるものだった。

　若い頃からボート、ボクシング、フェンシング、乗馬、射撃などのスポーツをこなした。7歳の時に普仏戦争（フランスとプロイセンの戦い１８７０～１８７１）が勃発し、フランスが屈辱的な敗戦を喫し、フランス国民は自信を失った。敗北の原因はフランスが相手より肉体的に劣ることだったという。

クーベルタン男爵

17歳になりクーベルタンは陸軍士官学校に入学するが数ヶ月で退学した。めざしたいことはフランスを強くすることで、それを教育改革に求めることだった。男爵としては、その功績を勲功として遺すことが人生のゴールだった。かねてから英国の教育システムに興味を持っていたので1883（明治16）年、20歳の時に英国のパブリック・スクールの視察を考え、選んだ先がラグビー校だった。

ラグビー校で学んだ教育と精神の導入

すでに彼はトーマス・ヒューズの書いた『トム・ブラウンの学校生活』を読み、英国の厳しい学校生活、上下生徒間の規律と生徒による自治、英国紳士に必要な人格、精神、体力を創造する教育は知っていた。実際に視察するのは初めてだったが、ラグビー校のトーマス・アーノルド校長が1820年代に始めた教育改革の成果はスポーツからだと理解していた。

クーベルタンはラグビー校を訪れ、そこから生まれたフットボールが友情、信頼、服従、道義観念などを生み出すことを学んだ。クーベルタンがここで「天啓」を受ける瞬間をこのように述べている。「薄暮の中、ラグビー校のゴチック様式の教会堂にひとりでいた私は、偉大なトーマス・アーノルドの名が刻まれた墓碑を見つめながら、大英帝国の礎を目の前にしているのだという夢を確かに見た」と。

またの別の書物では「ラグビー校のゴチック建築の教会堂の中で神の出現のようなものを見た」とも書かれている。1870年から71年に起こった晋仏戦争の敗戦に落ち込む国民を鍛え直す必要があった。フランスを強くしたい思いは、ラグビー校で学んだアーノルドの信念と共に英国の球技「ラグビー」を持ち込み、フランス国内に紹介した。ラグビー校が大英帝国の礎と確信し、フランスの若者が自信を取り戻すにはラグビー精神を学び、鍛錬することだと信じた。

1910年代にフランス国内にラグビー人気は急上昇し、1910年は5か国対抗に参戦した。だが試合中のラフプレーとアマチュア規定に抵触したことによって1931（昭和6）年にこの対抗戦から締め出された。

実はフランス国内にはプロラグビーである13人制のラグビーリーグがあり、そのチームの選手が対抗戦に選抜されていた。5か国対抗に出たいならリーグに参加できなくなり、フランスでもしっかりとラグビーのアマチュアリズムを貫いていた。

日本でも紹介されたクーベルタンの教育理念

日本でもクーベルタンの教育理念などを明治期から紹介している。たとえば、明治期のジャーナリスト鳥谷部《とやべ》春汀《しゅんてい》（1865～1908）は1903（明治36）年11月発行のある雑誌のなかで、日本の初期の体育会への啓蒙として次のように述べている。

「クーベルタンが体育を奨励する大趣意は、体力の発達によって心力を強壮ならしめんとするにあるので、彼の意見には聞くべきものが多い。彼は言えり、強制的な兵役は人間の筋力を整斉する効力がある。しかし創造力や胆力や企業力は兵役上の運動では養成ができぬ。ただこれを養成する一つの方法がある。すなわち13歳より18歳の間においてはラグビー式フットボールを練習することである。彼はラグビー式フットボールの主義を講述すると同時に、その競技の指揮者ともなり審判者となっている」。

ラグビーによって兵力向上させるクーベルタンの思想の紹介だが、当時の日本で反応を見せることはなかったようだ。日本人初めての試合、慶應義塾とＹＣ＆ＡＣの対戦があってからまだ2年しか経っていない時のことだ。

オリンピックへの道をめざし……レフェリーも務めたクーベルタン

クーベルタンはフランス・スポーツ連盟を結成し、1889(明治22)年にはフランス教育省から近代スポーツ普及の研究を命じられ、当時プロスポーツが誕生していた米国を訪問した。世界のスポーツ情報を取集していた頃、ドイツ帝国による古代オリンピア遺跡の発掘もオリンピック復興への夢と重なった。

そこでクーベルタンは1892年11月25日、フランス・スポーツ連盟創立5周年記念式典の講演で「オリンピックの復興」を訴えた。当時はクーベルタンのオリンピックを復活させようとする話に関心を示す人は少なかったが2年後の1894年6月パリ国際アスレチック会議の席上、オリンピックの復興が決議された。

フランスにラグビーチームができたのは1872年、英国ラグビー協会設立の翌年だった。クーベルタンはラグビーが人格形成につながると考え、学生たちに勧めた。そしてフランス人学生中心で創設したラシン・クラブとスタッド・フランセが生まれ、1892年にはフランス選手権決勝で雌雄を決した。この試合のレフェリーはクーベルタンが努め、ラグビー普及への情熱を捧げた。

オリンピック種目に採用されたラグビー……米国人の観衆が襲われた1924年のパリ五輪

1900年のパリ博覧会に合わせて開催されたパリ大会で初めてラグビーが採用され、開催国フランスが金メダルを勝ち取った。1908年のロンドン大会ではオーストララシア（豪州とNZ連合）が金メダルの栄冠を手にした。1920年の第7回アントワープ大会ではフランスとアメリカの2か国だけが参加し、アメリカとフランスが激闘し、8対0でアメリカがなんと下馬評を覆して金メダルを得た。

1924年、第8回パリ大会のラグビー参加国はフランスの他にルーマニアとアメリカのわずか3チーム。フランスは前大会のリベンジを果たすべくアメリカを招いたという説もある。アメリカは前大会での優勝チームから6名の選手の他に、トライアウトで採用したカリフォニア大学などの学生で編成しての参加だった。アメリカはルーマニアを37対0で破り、フランスと優勝を争うことになった。

決勝には4万の観衆がスタンドを埋めた。完全アウェーのアメリカが前半3対0とリードした頃、観衆は優勝カップが海を渡ることを懸念しスタンドの過熱したサポーター同士の小競り合いが始まった。ラフプレーを繰り出すアメリカに怒ったフランス、グラウンドでは選手同士が殴り合った。結局17対3でアメリカが2連覇の栄冠を手にした。

　ところが4年前の雪辱を期待したフランス人観衆が暴徒化し、グラウンドに流れ込んできたという。ラグビー史上記録に残る悲惨な出来事である。現地で観戦したと思われるクーベルタン男爵は何を語ったのだろうか。ラグビー種目が復活するのは2016年リオ五輪大会の男女セブンズまで待たねばならなかった。

7、8回のオリンピックにおけるラグビープログラム
（提供：日本ラグビーデジタルミュージアム）


　だがアメリカがオリンピックラグビー種目で2連覇達成を知る人は少ないだろう。そればかりか米国全土にはラグビーに興味持つ人は少なく、1890年代にはスクラムをなくして1列に向き合うルールに変えたアメリカンフットボールがこの国の一大スポーツになっていた。

　余談であるが、オリンピックと言えばクーベルタン男爵を思い浮かべ、「参加することに意義がある」という有名な言葉を彼が言ったと思う方は多いのでは。調べてみると、1908年の第4回ロンドン大会で米国陸上チームが判定に抗議し、再レースを棄権した時にある教会の司祭が言った言葉である。また「より高く、より早く、より強く」については1894年のオリンピック委員会でクーベルタンが提示される前に親友の神父が高等学校の生徒に言った言葉だったそうだ。

　プログラムに書かれてあるコロンブ競技場は1922年に完成し、1924年第8回パリ・オリンピックのメイン会場になった。フランス名門ラグビーチームであるラシン・クラブ・ド・フランス（1892年創立　現ラシンメトロ92）のホームグランドだけでなくラグビーフランス代表のホームグランドでもあった。

1975年まで100試合以上の国際マッチが行われたが、老朽化には勝てず、改築費用を悩んだ末、地元自治体に売却した。

国際舞台に出られなかったフランス人レフェリー

2005（平成17）年からジャパンのヘッドコーチに就任したジャン・ピエール・エリサルドは自著『日仏ラグビーとエリサルド』の中で仏選手権1987（昭和62）年、1992（平成4）年優勝に貢献したツゥーロンのヘッドコーチだったダニエル・エレロが「おい、イングランドの奴らが何て言っているか知っているか。奴らが言うにはフランス人がラグビーを始めたからレフェリーが導入されたんだ」と皮肉めいて語ったと書いている。

フランス人と戦えばラフなプレー続出を予測したためか、あるいは法の番人のような英国レフェリーと比較して、フランス人の特性を表す言葉で権威主義への反発だったのか。しかもフランス人レフェリーは1965（昭和40）年まで国際レフェリー界に入れられなかったのは皮肉だ。英仏は1906年以来テストマッチを100回以上対戦してきたが、この間8年間試合をしなかったこともあり、ラグビーに関しては英仏お互いに意地を張り合う時代があった。

第二章

「日本のラグビー発祥地　横浜」と初めてのラグビーマッチ

第二章 「日本のラグビー発祥地 横浜」と初めてのラグビーマッチ

黒船来航、横浜にやって来た西洋人

「泰平の眠りを覚ます上喜撰たった四杯で夜も寝られず」、宇治の高級茶「上喜撰」と「蒸気船」を掛けあわせた狂歌で政府の慌てた様子を皮肉ったものである。1853年浦賀に4隻の黒船が来航し、東インド艦隊司令官であるマシュー・ペリーが日本に対して開国と通商を行うように求めるという事態が起き、結局日米和親条約が締結された。

目的は米国にとって日本は水、食料、燃料の補給基地としてお互い認め合うことで、まずはソフトランディング的な交渉内容だった。この条約は貿易には不十分な内容で、日本とアメリカが貿易や交渉する時には、改めて条約を結ぶことが書かれていた。

4年後には米国初代駐日総領事であるダウンセント・ハリスが開港と貿易を可能にする修好通商条約を欧州4か国と共に締結した。これによって横浜・箱館・新潟・神戸・長崎の港が開かれ、外国人居留地も設置され、日本は新しい時代を迎えることになった。横浜は1859年6月2日に開港され、今ではこの日が横浜市の開港記念日となっている。

当初から幕府は港として横浜村を指定したが、ハリスは神奈川宿を開港場として希望した。結局、横浜村も神奈川の一部であることを主張し認めさせた。そして居留地は1860年から山手・山下地区に設けられ、条例改正によって1899（明治32）年まで続き、そこでは外国人に借地権と建物の所有権が認められたが、土地所有権は与えられなかった。

1864年になると300人の外国人が居留地に住むことになった。その内250人が英国人であり、男性は268人 女性はわずか32人だった。彼らは様々な事情を背負って横浜に来た。たとえば、英国商社マンの中には香港や上海で失敗し、横浜で一仕事を目論んだ人もいたという。母国を捨ててここに来た者の中には、

新鐫横浜全図　復刻版　1870年
（横浜開港資料館所蔵）

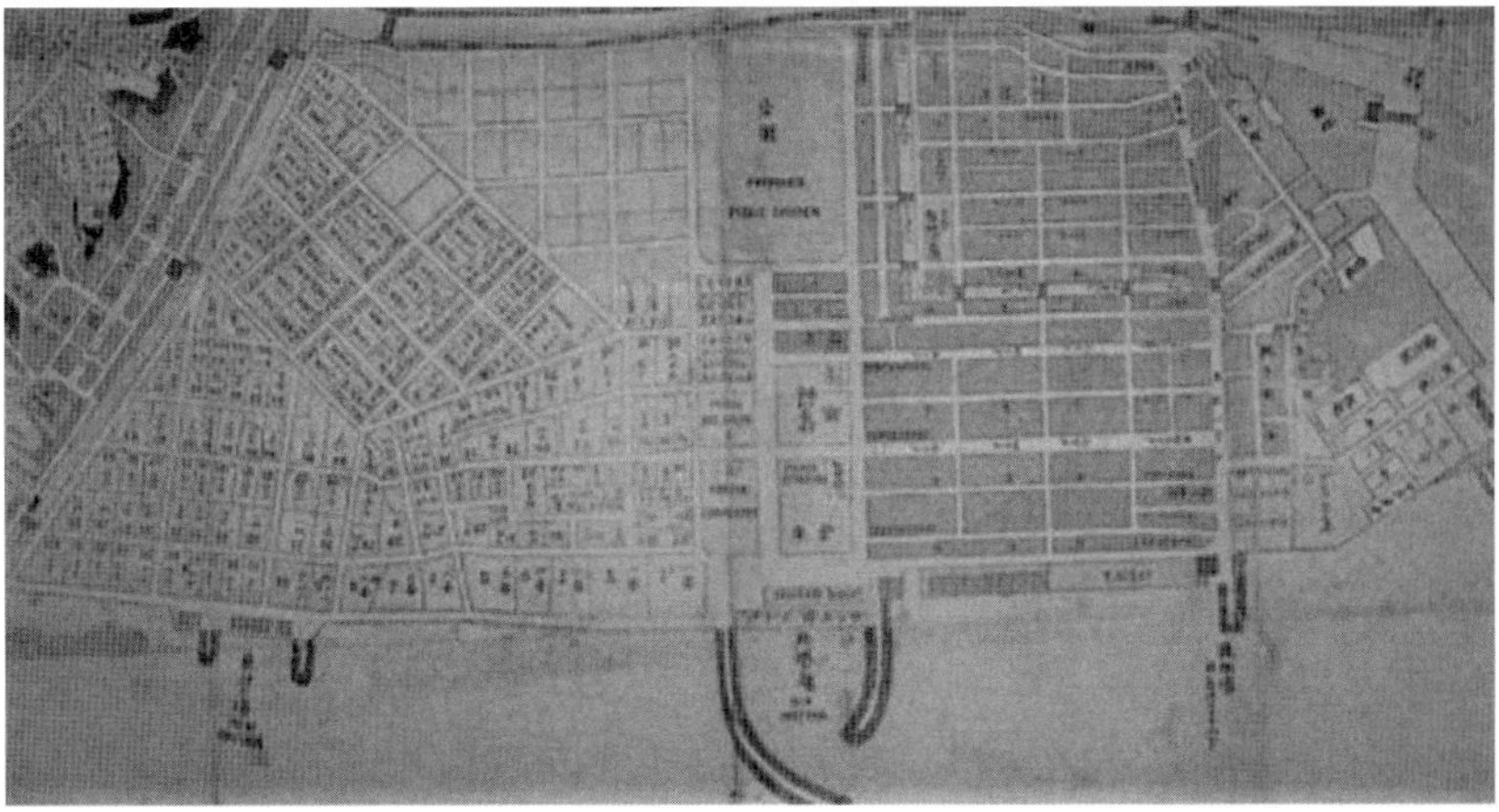

酔っぱらって大きな棒を振り回し大騒ぎした西洋人の話もある。

ところで街の環境はどうだったか。実は開港から10年ほどは街は不潔で環境も未整備だったという。だが湿度が高く、特に夏場はじっとしていても汗が噴き出る香港と比べると、横浜は比較的温暖な気候の土地であり彼らには快適だった。

外国人の観た日本人と横浜

当時の横浜と日本人はどのように伝えられていたのか。来日した外交官、旅行家などが執筆した書物からお伝えするのが良いかもしれない。

中国人と日本人の学習能力の比較では、日英修好通商条約（１８５８年）を締結に携わったジェイムス・ブルース（１８１１～１８６３第8代エルギン伯爵）の言葉が面白い。ブルースは語学の学習能力について「中国人は外国語を学習する能力を全く欠いているので、一生費やしても無駄だろう。英語を正確に話し、読み、書く中国人には会ったことがない」と中国人に厳しい見方をしている。帰国に際し、「愛惜の念をもって離れる唯一の土地」と離れがたき心境を残している。

山手の英軍兵舎
（横浜開港資料館所蔵）

「モノづくり」を得意とする日本人について、初代駐日総領事ラザフォード・オールコックス（1809〜1897）は「日本人は東洋の国民の最前列に位することは否定しない。日本人をしてマンチェスター、バーミンガム、シェフィールドの刃物類を造れる。外国製品の模倣ではなく、どうすれば立派なものが作れるかに熱心だ」。ここでも中国人と比較して、日本人の器用な技術を高く評価している。ハリス駐日総領事も「喜望峰以東のもっともすぐれた人民」と言い切っていた。

ドイツ人考古学者のハインリヒ・シュリーマン（1822〜1890）は世界旅行の途中、1865年6月に来日した。シュリーマンが観た横浜を二つ紹介したい。「小さな漁村だった横浜は今や人口4千人を数える。道路は全て砕石で舗装されていて瓦葺の木造2階建ての家が道に沿って並んでいる」、「日本人が世界で一番清潔な国民であることは異論の余地がない。どんな貧しい人でも少なくとも日に一度は町の至る所にある公衆浴場に通っている。（中略）禁断のリンゴをかじる前の我々の先祖と同じ姿になった老若男女が一緒に湯に浸かっている」という当時の日本人の衛生習慣だ。混浴の光景を初めて見た外国人は「日本は全く貞操観念のない野蛮な国だ」という記録も残っている。

コレラ禍で起きた生麦事件と初めてのクリケット

1859年から攘夷浪人による外国人を襲うテロのような事件が相次いで発生していた。7月には本町通りでロシア海軍士官と水兵、10月には仏領事館雇用の清国人、1860年にもオランダ人が散歩中に、1861年1月にはハリスの秘書兼通訳のヒュースケンが襲われ、5月に東禅寺が襲撃された。幕府は外国人警護に努めたが効果がなかった。

そして起こったのが1862年9月の生麦事件である。これは大名行列に反対方向から馬で向かってきたC・L・リチャードソンの殺害事件である。乗馬を楽しむ英国人が薩摩藩の列にたまたま遭遇した。横浜の居留民には「今日は薩摩様が通るから東海道に出ないように」と連絡があったにも拘らず発生した。英国代理大使J・ニールは事態を重く見て、上海に避難するように全英国人に呼びかけ、また港に停泊の船に全外国人を避難させる計画もあった。

米国商人フランシス・ホールは「コレラの蔓延で一般の人々にとってこの事件は印象が薄くなってきている」と日記に記している。（『開港のひろば』第148号2020年7月）インドで発生し、上海経由で入ってきたコレラによって生麦事件よりも感染防止に騒がしい日本だった。それ以前にも麻疹が流行り、日本の開国と歩調を合わせるかのようなパンデミックの連続だった。尊王攘夷思想が拡大するよりも、疫病感染の対策上、外国人に来て欲しくなかった。結局、武力に劣る日本は西

1863年　クリケットのプレーヤー
（写真提供：マイク・ガルブレイス）

洋を受け入れざるを得なくなった。

1863年1月には品川御殿山に建設中の英国公使館が焼き討ちにあった。そこで江戸の逃れ、英国公使オールコックスは横浜に公使館を置くことにした。このような政情不安定な時に、銃を横において横浜でクリケットを楽しんだ西洋人がいる。おそらく日本で初めてのことだ。前列右側に座っているプレーヤーが儀仗兵と称される公使館警備を担当する中尉として来日した「パブリック・スピリット」と称されるW・H・スミスだ（スミスのことは詳しくは後述する）。

この写真についてハリー・ローソン（後に豪州、ニューサウスウエールズの州知事提督）は、数年経ってから「試合の顕著な特徴は選手の半分はフットボール選手だった」と地元紙で語っている。スミスとローソンはマルボロ・カレッジの同窓である。注目すべきは彼らが横浜でフットボールとクリケットを最初に楽しんだ西洋人といえよう。

さらに1863年10月に井土ヶ谷村（現在、横浜市南区井土ヶ谷）においてフランス駐屯軍のカミュ少尉が攘夷派の浪士に斬殺される事件が発生した。事件は大きな外交問題に発展し、事件後、各国軍隊が居留民を保護するため横浜近郊を巡回する事態となった。ニールは幕府に対し、英国人の生命と財産を保護する兵を派遣する申し入れをし、さもなければ上海の英国陸海軍の援助を求めると通告した。

別の見方をすれば外国人への襲撃事件は彼らからは政治交渉に利用されただけでなく、横浜に外国人専用の施設や遊歩道の建設を求めてきたに違いない。1866年には根岸の競馬場が完成し、それを手始めに遊歩道や公園、射撃場など異国の地でライフスタイルを求めた。したがってスポーツを楽しめるグラウンド建設の要求は当然だった。

横浜に上陸した英仏兵

生麦事件の翌年、1863年から居留地防衛と居留民保護を目的に横浜に外国人兵派遣が開始した。同年7月、山の手にフランス陸軍部隊が駐屯した。イギリス軍は1864年1月に香港から第20連隊の分遣隊2個中隊が、さらに同月には英国海兵隊員の軽装歩兵一大隊552名も上陸。第20連隊の本隊は香港から7月に到着し、英国守備隊は1千200名に及んだという（『維新の港の英人たち』ヒュー・コータッツィ著）。

横浜の警備につく外国人兵と洋装の薩摩藩の兵士
（横浜開港資料館所蔵）

そして日本側が負担して山手（現、港の見える丘公園付近）に兵舎を建設した。山の手に急造されたバラック兵舎について、ある兵士は「3m平方の広さでカビの生えた吹きさらしの壁に囲まれ、障子を張って室内を装わなければならない。ネズミは床に大きな穴をかじり開けた。部屋のストーブをたくと煙が煙突から出ないで息苦しく、すでにタバコの煙でもうもうとしている室内に煙が重く垂れこめた」と語り、イメージしただけでも息苦しくなりそうだ。

結局、英仏駐屯兵が撤退したのは1875（明治8）年、駐屯地は一部を除いて外国人住宅地として競売にかけられた。

英国ワールド・ラグビー・ミュージアムが認めた アジア初のラグビークラブ

英国ラグビー聖地と言われる〝トゥイッケナム〟にあるワールドラグビーミュージアムの学芸員フィル・マガワンから送られたアジア初のラグビークラブ（横浜フットボールクラブ）を認めるという文書である。地道な調査を続けたマイク・ガルブレイスが博物館に問い合わせた結果であり、マイクの努力に敬意を表したいと思う。

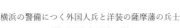

ウォリックシャーのラグビー校や数多くの英国パブリック・スクールの学生たちは、少なくとも1820年代以降より、近代ラグビーと同義の初期のラグビー形式でラグビーを行ってきた。当時、この学生の多くは、卒業後軍隊や世界中を巡る貿易商や他の事業の職に就いた。船員、兵士、貿易商が居留した土地で、公式、非公式にクラブが設立される光景はよく見受けられた。英国人駐在員は、よくクリケット、フットボール、ラグビーなどのスポーツを楽しんだ。したがって、これらのスポーツがそれぞれの土地でいつ始まったかを断定するのは、極めて困難である。

2015（平成27）年8月現在、アジアで確認されている最古のラグビーフットボールクラブは、1866年に横浜に設立されたものである。2013年1月にYC&ACの歴史研究家マイク・ガルブレイスが我々に提供した1866年1月26日付のジャパン・タイムズの掲載記事は、このクラブの設立について言及している。

彼の指摘により我々が注目したのは、その後の記事で、得点を挙げる手段としての「キャッチング・ボール」、「ドロップキック」についても述べられている点である。これに加えラグビー校やウィンチェスター校の卒業生が参加していた試合が言及されていた点を考慮し、我々は横浜フットボールクラブ（以下YFBCと略す）が、現在のラグビー・ユニオンとして知られている試合形式の元となるラグビー校で創設されたルールに従った形のフットボールをしていたことを確証した。

上記のこと考え、我々はYFBCがアジアで最古のラグビーフットボールクラブであり、世界でも最古のラグビーフットボールクラブのうちの一つであることを確信している、という内容である。

これはマイクの永年にわたる調査が功を奏した結果である。YFBCが後に各種のスポーツと複合し、2018年には150周年を迎えた総合スポーツクラブYC&AC（横浜カントリー&アスレチッククラブ）となる。

横浜フットボールクラブ（YFBC）の設立

その横浜になぜアジア最初のクラブができたのか。マイクはこう語る。「まずは冬も温暖な気候でシンガポールや香港のように1年中暑くない。2つ目は幸運にも他の都市でクラブを作ることが決まっていなかった。事実1年後に上海にクラブができた。3つ目の重要な理由は、生麦事件後警備のために約1千500人の兵士が横浜を見渡せる山の上に1864年駐留することになった。しかも第20連隊の将校の多くはスポーツ好きだった」と。

言い換えればアヘン戦争（1840〜1842）、太平天国の乱（1851）、アロー号戦争（1856〜1860）で息つく間もなくアジアの地で和平に向けた活動に就いていた英仏戦士たちにとって、横浜での警備もあるが戦乱も一段落して横浜は慰安の地でもあった。

YFBC設立に関わった人たちについて「将校2名がYFBC設立に関わった。がっちりした体格の29歳のキャプテンC・G・ロシュフォードはシェルテンハム校に在籍した記録がありフットボールチームの名簿にも載っている。隣の小さいが俊敏なキャプテンR・M・ブロントはダウンサイド・カレッジの出身である。大尉として英国軍艦プリンス・ローヤルに乗船したW・T・ケラー（1839〜1927）卿はYFBCの会議でのキーマンとなる軍の人であった。彼は4代目のロージアン公爵[＊]の4男であり、英国海軍の最も高い役職にいた。

『The Japan Times』1866年1月26日
横浜開港資料館所蔵

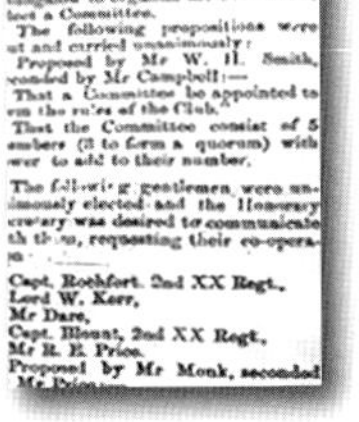
YOKOHAMA FOOT
BALL CLUB.
A Meeting was held this afternoon at 2 o'clock P.M. at the Racquet Court bungalow to organise the Club and to elect a Committee.
The following propositions were put and carried unanimously:
Proposed by Mr W. H. Smith, seconded by Mr Campbell:—
That a Committee be appointed to frame the rules of the Club.
That the Committee consist of 5 members (3 to form a quorum) with power to add to their number.
The following gentlemen were unanimously elected and the Honorary Secretary was desired to communicate with them, requesting their co-operation.
Capt. Rochfort, 2nd XX Regt.,
Lord W. Kerr,
Mr Dare,
Capt. Blount, 2nd XX Regt.,
Mr R. E. Price.
Proposed by Mr Monk, seconded

＊注　スコットランドのローランド地方にある地域で、フォース湾の南海岸とラマミュアー丘陵の間に位置する。

彼はラドリー・カレッジで学び、そこでフットボールをしていただろう」と調べた結果をガルブレイスは記している。

『The Japan Times』（1866年1月26日）でもYFBCの設立総会の様子について「午後2時からラケットコート・バンガローで設立総会と委員会構成メンバーを選ぶ会議が開催された。その結果、多数決によってW・H・スミスとキャンベルの提案でクラブ会則をつくる委員会（定足数3名）に20連隊第二大隊のキャプテン・ロシュフォート、同じくブロント、その他ケル、ディア、プライスが指名された」と報じている。開催された場所は山下町127番地だった。

ところでこのスカッシュのようなラケットゲーム、第20連隊が上陸早々に資金を集め1865年頃にコートが完成し、同連隊のブラウント大尉が幹事になった。YC&AC創立者のモリソンも回顧録で「中華街の中にあり、駐屯兵がいた頃は人気のスポーツだった。1874年に彼らが横浜を去ると人気がなくなり、閉鎖された」とラケットコートのことを語っている。

当日、YFBCの設立会議を仕切っていたW・H・スミス（1838〜1884）は「公徳心（面倒見が良く、人のため尽くす）あふれるスミス（Public Spirit Smith)」として横浜でも良く知られ、あらゆる面で指導力を発揮していた。だからクラブ会則の作成委員会を提案した彼の指導力がうかがえる。横浜には公使館の警備隊長として来日したが1865年11月にすでに退職し、活躍の場を横浜に求めていた。

この年の横浜がどんな町なのかを紹介するならば、1866年8月に横浜に到着したフランス軍人であるE・スエンソンの横浜印象記が具体的である。「海から見ると横浜は完全にヨーロッパの町である。小さな庭と花壇に囲まれた美しい住宅の列がこちらの丘から向こうの丘まで続いている。（中略）南の丘にはフランス政府の小規模の軍事施設がある。砲座を設けて大砲を運び上げ、町と埠頭の上に君臨している。（中略）このすばらしいパノラマの背景に日本一美しい装飾品、雄大な富士山が控えていた」と語る。

続けて「日本駐在の外国人家庭には香港や上海の大邸宅に見られるような豪奢はまだない。（中略）ピクニック、競馬、あらゆる種類のスポーツが毎日のように行われていた。横浜のダンディーの間で人気のあった気晴らしはボートである」と西洋人にとって快適に過ごせ、四季を通じて様々なスポーツが楽しめる横浜でもあった。

◎「横浜フットボールクラブ」の設立会場と「横浜ベーカリー」の所在

「横浜フットボールクラブ（ＹＦＢＣ）」の設立総会の場所は山下町１２７番地の「ラケットコート・バンガロー（傾斜の緩い大きな屋根を持つのが特徴の建物）」であることは１８６６年１月26日付『The Japan Times』から知りえたが、当時の写真からどうしても所在を見つけたかった。それに併せて本書で後述するが、慶應義塾の英語教師でラグビー伝道師のＥ・Ｂ・クラークの父が経営する「横浜ベーカリー」は１８６５年８月12日付『The Japan Herald』掲載の広告から同町１３５番地に存在していたことも知りたかった。今では同番地に山下町公園があり、その入り口に「日本のラグビー発祥地 横浜」記念碑を２０１９年９月に神奈川県ラグビー協会が中心

屋根修理中の
「ラケットコート・バンガロー」

「横浜ベーカリー」
屋根看板に「BREAD & BISCUT BAKERY」

山手から居留地を臨む写真（『高精細画像で甦る 150 年前の幕末・明治初期日本』）

オーストリア＝ハンガリー帝国の東アジア遠征隊が撮影

となって建立したことに不思議な縁を感じている。

幕末から明治期にかけての横浜の写真は多く、山手から居留地を臨む写真は図書館などで目にしていた。そこで住所から推し進めれば、山下町公園の裏手辺りに当時の「ラケットコート」があったので、山手から現中華街方面を撮影した写真があれば2つのポイントが1枚の写真に収まってもいいはずだと想像していた。だがそのような写真を見ても、緩やかな傾斜の屋根があるラケットコートは特定できたが、「横浜ベーカリー」の所在は分からなかった。

偶然にも図書館で見つけた写真史料集『高精細画像で甦る150年前の幕末・明治初期日本―ブルガー&モーザーのガラス原板写真コレクション―』（東京大学史料編纂所古写真研究プロジェクト　洋泉社）に掲載された1枚の写真は、1869（明治2）年頃に横浜を写した現存する原盤ネガでは最古のもので、キャプションに「ラケットコート」と「横浜ベーカリー」の看板文字も記されていた。これでやっと所在を証明することができた。その後、ラケットコートは移転し、「横浜ベーカリー」も山下町129番地に移り、その跡地が山下町公園に改められるのは90年以上先のことだ。

オーストリアの図書館、博物館に出向きガラス原板写真をデジタルカメラ技術（8千万画素）で撮影・拡大し、高精細な幕末・明治初期日本の日常風景が現れた貴重な写真は、オーストリア＝ハンガリー帝国の東アジア遠征隊（1869年来日）に帯同した写真家ヴィルヘルム・ブルガーとその弟子ミヒャエル・モーザーが撮影した。その内、約270点を東大史料編纂所附属画像史料解析センターの古写真研究プロジェクトの研究成果として収録して出版された。

16歳のモーザーは「長崎は私たちが見てきた港に中で最も美しい。まるで小さな湖のようである。町自体はとても大きく見え、オーストリアの故郷を思い出す」（『明治初期日本の原風景と謎の少年写真家』）と語り1869年9月長崎に着いた。

そして同年10月横浜に到着。1ケ月後に遠征隊は解散することになり、見習い水夫として雇われ帰国するか、日本に留まるかの選択を迫られた。モーザーは帰国しても恵まれない境遇を思い日本に留まる決意をした。当初、横浜の飲み屋で働いたが、ジャーナリストのジョン・R・ブラックに雇われ、日本初の写真入り新聞である『ザ・ファー・イースト』のカメラマンを務め、以後1877年まで滞在したという（同書）。

この遠征隊、1869年（明治2）年に明治天皇の住まい「皇城」（旧江戸城西丸）で天皇と謁見した際、詳細な見取り図を作成していたことが分かり、見取り図は手記と共にオーストリアで保存されていたという。謁見の場所を具体的に描いた資料はなく、一級の史料と言われている（『東京新聞』2019年8月22日）。いずれにしても明治初期に欧州から訪れた異邦人がしっかりと日本の歴史文化を遺してくれたことに感謝するしかない。

英国駐屯兵とスポーツ

英国人ジャーナリストJ・R・ブラックは『ヤング・ジャパン』の中で、駐屯兵はスポーツについて次のように書いている。「しばらくの間、当地のスポーツは何であれ、軍隊によって設立されたものだった。居留地の紳士達も、仲間に加わるように招かれていたが、それらは《駐屯兵》のスポーツとされていた。兵士たちは英国から持ち込んだスポーツをパレードグラウンドなどで楽しんでいた。競馬、クリケット、フットボール（サッカーとラグビーが未分化の時代）など楽しんだ」。

たとえば、民間人と一緒に1864年5月にはパレードグラウンドで競技大会を開催した。徒競走、ハードル走、1マイル走、ハンマー投げなど多種目にわたり、1、2位の勝者には10ドルほどの賞金がかけられた。中でも英国公使オールコックス夫人賞は150ヤードハードル走にかけられ、優勝賞金は25ドルだったので参加者は

1860年代の英国駐屯兵とパレードグラウンド
（英国フュージリアーズ博物館　所蔵）

きっと目の色が違ったはずだ。特に香港からの駐屯兵は休息を兼ね、家族との慰安も目的で横浜に移ったのでリラックスした中でスポーツを楽しんだと思われる。

実際彼らが異国の地で楽しんだスポーツを時系列で追うと、1862年の競馬、1865年にはライフルクラブ、1868年にはクリケットクラブ、1871年にはボートクラブ、1974年からKR&AC（神戸レガッタ&アスレチッククラブ）とのインターポート大会も開催した。

この当時の横浜には約千人の欧米人が生活し、その40%以上が英国人、その他15%の米国人、10%ドイツ人、8%のフランス人だったが、6年後には1千500人を超えた。娯楽の少ない時代、仕事終了後にスポーツや演劇鑑賞などを楽しみ、横浜での西洋式の生活を営むようになった。船舶の動きに合わせて仕事をするので出入航時が特に多忙であったが、他の日は比較的自由に暮らしていたようだ。

旧ゲーテ座の付近にもあったグラウンド

英国駐屯兵が上陸以来、彼らと官民西洋人がクリケットやフットボールを楽しんだ場所を整理してみると、まずは山手・駐屯地内パレード広場（山手115番地、116番地　港も見える丘公園と横浜インターナショナル・スクール付近）、モリソンが初めてクリケットをした埋め立て地（山下町265番地　横浜中央病院辺り）、1873年にプレーして本書表紙のイラストに描かれた横浜公園のグラウンド、以上3か所が存在していた。

ジョン・ハートレー
『グラフ　ヨコハマ』(46号)

ある時、横浜フットボールクラブの設立前に駐屯兵たちがスポーツをしていた記録を偶然に見つけた。それは商社を営むジョン・ハートレーの回顧話からだ。「英国砲兵隊本部は本町通り83番地（筆者：山下町83番地とほぼ同じ）にあり、兵士たちは小さな木造仮兵舎に宿泊していた。野営地入り口は、谷戸橋の南側のゲーテ座（筆者：山下町68番地に所在、山手のゲーテ座の前身、以前テレビ神奈川の本社所在地）がある辺りで、軍関係などの人々がクリケット・ゲームや運動競技などをしたのはこの野営地である。ここでは将校たちの後援の下に最初の競馬が中国産や日本産の馬を使って行われた」と語っている。川を隔てて、事故死したペリー艦隊の乗組員が祀られた増徳院（関東大震災で倒壊）が見える場所である。

つまり今の地図によれば、地下鉄元町・中華街駅から山下公園に向かう間のスペースではないだろうか。場所さえあればクリケットやフットボールも楽しんだと思われる。ＹＦＢＣの設立総会会場はここから前田橋寄りにあるラケットコートだったので徒歩5分以内だろう。

横浜フットボール協会の設立

ＹＦＢＣ設立後の活動を新聞から探してみたがクリケット試合の方が多く掲載されている。フットボール記事は１８７２年2月17日（『Japan Weekly Mail』以下「ＪＷＭ」と略す）、同年3月１日（『The Far East』以下「ＦＥ」と略す）、同年12月21日（ＪＷＭ）とある。そこで「ＪＷＭ」（１８７３年12月20日）の紙面から試合状況を見てみると、「12月17日水曜日の午後、駐屯兵と居留民がクリケット・グラウンドでリターンマッチを行った。後半に入り、陣地が変わった。居留民は相手ゴールにボールを持ち続けて接近した。下がって相手の攻撃をかわした後、風が味方しラグデンの好キックでゴールした。力の入ったスクラムを見せ、反対に風が味方して駐屯兵チームのゴールにボールが接近したがリュートがしのいだ。（中略）丁度その頃野毛山の時計が5時の時を告げた。この試合は今年で4回目の引き分けだった」と記されている。

記事の中で駐屯兵を「Services」、居留民を「Settlement」と呼び、「Scrimmages」（スクラム）の単語も読める。

その他、1874年7月4日（JWM）、1975年1月4日（『The Japan Gazette』以下「JG」と略す）、同月20日「JG」などから試合のことが読み取れる。そして1875年3月横浜で愛された兵士たちは撤退した。

不思議なことに、紙面から「YFBC」の単語を見つけることができない。もしかしたら元来駐屯兵で編成されたYFBCは設立後、任期を終え、帰国するなど選手、役員異動もあり固定できずにチーム名が消えてしまったかもしれない。

「JG」（1874年11月20日付）によると、「昨日木曜日5時30分過ぎから横浜ユナイテッドクラブで総会が開催された。参加者はヒル、サンドウィズ、ドゥリー、メサーズ、ディア、テイラー他である。ハミルトンが議長に選出され、ロッキーが協会の設立の目的など話し、『横浜フットボール・アソシエーション』と呼ぶこととし、年会費2ドルも決まった」と記されている。

この協会ができたことは複数のチームがあったのか、またはこれからの普及をめざしたかはわからない。慶應がラグビーを始める時期はまだ先のことで協会設立の目的も定かでない。設立1年後、クロニクル・ダィレクトリー（1875年版）に「横浜フットボール協会」と登録されているから間違いなく存在した組織だ。なお総会会場の横浜ユナイテッドクラブの支配人はあのスミスである。

面白いことに設立の主なメンバーは横浜アマチュア・アスレチックのデール、クリケットクラブとボートクラブのハミルトン、競馬クラブのサンドウィズ、横浜ライフル協会のヒルやモリソンの所属するフレイザーの商会の社員など日頃スポーツ好きな連中が集まってこの協会を結成したものと思われる。当時のクリケットクラブの窓口はラグビー試合のイラストに描かれているエドガー・アボットだった。このように一人で2、3のスポーツを楽しむのは当たり前だった。特にマルボロ・カレッジ出身のアボットは、スポーツ万能で最速スプリンターとも言われ、競馬の騎手までも務めた。

アボットは横浜で手形証券や金銀地銀売買の店を構え、保険会社の代理店も営んでいた。1855年山手123番地にあったW・コーブランドが経営していたビール会社が倒産後、工場を譲り受けキリンビールの前身となったジャパン・ブルワリー・カンパニーを設立し役員に就任した。1890年英国で死亡したが、異国の活躍地である横浜外人墓地に埋葬された。

この協会設立はおそらく横浜公園内のグラウンドを使用するにあたり、協会組織が存在しないと利用の際に不利になることも原因ではなかったかと想像する。

「パブリック・スピリット」スミスの活躍

1866年YFBCが設立に関わったスミスは、その後横浜で除隊となったが、そのまま横浜に留まり異名通りの活躍を展開する。その中に養豚の経営もある。英国産のオス豚が2頭いるのでメス豚を持って来れば交配に応ずる広告（上左）を『万国新聞第二集』（1867年2月発行）に出している。

1800年代フットボール用のボールは豚の膀胱を含まらせて利用していたという通説があり、彼の養豚場は食料だけでなく、ボール供給のためにもこの事業を立ち上げたと想像する。膨らまして革製ボールの形になった中に入れて利用したのではないか。

W・H・スミス
（横浜開港資料館所蔵）

『ジャパンパンチ』
チャールズ・ワーグマン　右がスミス
（横浜開港資料館所蔵）

またYC&AC設立に尽力したクリケットの名手J・P・モリソンはスミスのことをこう語る。「スミスのガーデンはメイン道路に伸び、今では角地に家が建っている場所は有名だった。「パブリック・スピリット」スミスは、みんなの繁栄を考えて熱心に取り組んでいるのでそう呼ばれた。彼は野菜や果物の種を輸入した最初の西洋人でもあった。友人をいつも招き、スミスの活動の結果を聞いていた。彼の努力は漫画家ワーグマンが雑誌『ジャパン・パンチ』にスミスの大きなキャベツやカリフラワーと一緒に描いている漫画で見ることができる」。

そればかりでなくスミスは１８６３年10月、駐屯地将校や居留民相手の横浜ユナイテッドクラブを設立した。彼は自ら調理場を仕切り、帳簿をつけてクラブのマネジメントを請け負った。西洋野菜はそこで美味しく料理されたことに違いない。そのスミスは１８６５年、「横浜ウォッシング・エスタブリッシュメント」というクリーニング屋も始めた。売上の一部を寄付したというからどこまでも「パブリック・スピリット」のスミスで休む暇もなく大活躍の日々を送ったことだろう。１８７３年にはグランドホテルの総支配人も務めたスミスだったが神戸に移り、その後カナダで農園を経営したという。

山手公園の建設

居留民にとって西洋式公園の完成は念願であった。そこでスミスは１８６６年3月には山手東側のでこぼこした土地を選び、交渉にあたった。「神奈川奉行に土地の借用権をお願いした。ベテラン植木屋が関わり準備され、植木の提供も話して相手は同意してくれた」（『ヤング・ジャパン（2）』）と語り、紆余曲折の後、スミスは出資金を集めに奔走し、１８７０（明治３）年国内初の西洋式山手公園の建設に大きく貢献した。そればかりか公園の維持管理にも努力した。「もしそのような献身的な管理がなかったならとっくに日本人に返すようになった」、つまり日々の管理があったからこそ外国人向けの西洋公園として利用できたと思われる。

公園の入り口から見たヒマラヤ杉並木
『THE YOKOHAMA STANDARD』

クラークの義父 J.L.O. イートン
『市民グラフ ヨコハマ』(1982 年第 41 号)

しかしそれは長くは続かず、維持費を賄うために入場料をとるか、個人に賃貸できるようにするかの方法が検討され、公園委員会で論争が起きてスミスは辞任した。一方、スイス領事館は「他国にある公園は無税で公益のため管理している」と反論したが、政府にしても彼我公園（その後横浜公園）の計画もあり、要望に応えられる支援ができなかった。事実、山手公園の地租は5年間で約2千418ドル滞納していたそうだ。

話は変わるが、スミスの義父であり、横浜に本社を構えるデイリー・ジャパン・ヘラルドの社主になったJ・H・ブルックは1879年にカルカッタからヒマラヤ杉の種を輸入した。スミスはこの義父と一緒にこの山手公園に種を撒きヒマラヤ杉の成長を願った。今では立派な大木になっているが、そのヒマラヤ杉はここから全国に普及したと言われている。山手公園はテニス発祥の地であり、園内の「テニス発祥記念館」では、テニスの歴史を知ることができる。ブルックは1902（明治35）年に鬼籍に入り、横浜外人墓地に眠る。

スミスが横浜ユナイテッドクラブの支配人を務めている時、挨拶に来たJ・L・O・イートンは英国から喜望峰を廻って1867年に来日した。当時の街の様子をイートンはこう言う。「居留地内には空き地が多く、特に中華街の西の橋から市場にかけての加賀町の西側や現在公園のある場所は新たに埋め立てられる空き地であった。運河の向こう側には葦の茂った湿地があり、冬になると野鳥やシギがやってくるので猟にはもってこいの場所だった」と。彼の娘がラグビー伝道師クラークと結婚するのは30年以上先の話である。

1866年11月、慶応の大火

日本初の西洋式公園と称され、日本人初めてのラグビー試合をした横浜公園の建設は、1866年11月26日朝9時頃発生した横浜の大火と大きく関連する。日本人町の土手通り、遊郭に近い豚屋鉄五郎宅から出火し、強風の下居留地と日本人街の大部分を焼失した。出火原因について「火元は、小さな料理屋であることが突きとめられた。数滴の油が火の上に落ち、これが炎となって乾燥していた木造部分に燃え移り、数分のうちに全体を包んでしまった」（『ヤング・ジャパン（2）』）と報告されている。

スイス使節団の一員であったカスパー・ブレンワルド（1838～?）の日記から出来事を詳しく紹介すると、「11月26日（月曜日）火事は強い北風にあおられて瞬く間に町中に広がり、2時間もしない内に日本人の家が1000軒以上焼けた。火元の吉原では60人以上の日本人が炎に包まれた。新しいアメリカ領事館の建物が燃え始めた。火は一瞬のうちに外国人居留地に燃え移った。残念ながら僕らのところも火災に見舞われ、家と倉庫一杯の商品を失った。家や商店50軒が焼け落ち、損害は2千万フランに上ると見られる。（中略）火はさらに一晩中燃え続けた。フランス、アメリカ、プロセイン、ポルトガル公使館が何も救い出せないまま焼失した」と大火の恐ろしさを物語っている。

横浜ファイアー・ブリゲートの幹事・会計役であるスミスも当然出動した。「スミス氏とその部下は火がつくと直ちに消火作業を続けていた」と同書で報告され、彼のファイターぶりがうかがえる。この頃は既に英国第9連隊第2大隊とフランス海兵隊が駐屯しており彼らの支援活動は心強かった。しかし、彼らの信じられない横暴ぶりも記録に残っている。それは商店などへの略奪、中には盗んだ酒を飲み酔っぱらって消火活動もできない兵士もいたという。

1866年 慶応の大火
（横浜開港資料館所蔵）

英語レッスン中の高橋是清、大火に遭遇

以前横浜開港資料館を訪れた時、「横浜の西洋人社会と日本人」の展示会でヘボン式ローマ字を考案したアメリカ人宣教医（「師」ではない）ヘボンと妻クララの横浜での生活を紹介していた。1枚の展示パネルにヘボン夫人が「財政の天才」、「だるま宰相」と言われた少年時代の高橋是清（1854～1936）に英語を指導していたことが書かれていた。

調べてみると、ヘボン夫人の帰国後はバラー夫人に引き継がれ英語を教わっている時、是清はこの大火災に遭遇した。バラー夫人は周りの大騒ぎに耳を貸さずに授業を続けていたが、近くにある英国領事館にまで火が迫って来てからやっと授業を中止して避難させた。是清が授業を受けていた場所は今の横浜開港資料館の裏であり、太田町にある家に急いで戻り、慌てて夜具と教科書を担いで避難した。

その後、是清の祖母が「横浜はこれまでの屋敷が焼けてしまったから思いきって異人館のボーイに住み込んでみてはどうかね」と忠告し、知人から「『バンキング・コーポレーション……』という銀行の支配人をしているアレクサンダー・アラン・シャンド（1844～1930）がボーイを一人欲しがっている」と聞き、そこで働いたという。是清12歳の時である。

しかし調べてみたが、このような銀行名は横浜には見当たらず、1867年版外国人名録から当該銀行は「チャータード・マーカンタイル・バンク・オブ・インディア、ロンドン&チャイナ」でアラン・シャンドは経理担当ではないかと思われる。銀行の所在は居留地78番地、現在の横浜中華街・山下公園側入り口付近だった。この日は風が海に向かって吹いており火はすぐ近くまで来たに違いない。

是清は評判の良くない素行を繰り返した数か月のボーイ時代を終えて、1867年英学修業と称してサンフランシスコに渡ったが現地では奴隷契約のような内容で苦い経験したという。少年期にこのような波乱万丈の人生を送った是清がその後、戦費調達で欧米列強を相手に怯むことなく交渉し、蔵相となった時には陸軍から無理な予算要求を突きつけられ、日本の財政を死守した話は有名である。

総理大臣の他、大蔵大臣も歴任し、日本の危機を救った財政政策の司令塔、「経世済民の男」と呼ばれたが悲運にも2・26事件の銃弾に倒れた。

それにしても、この当時に仙台藩の足軽の家に養子に出された是清に、藩命で横浜に洋学修業をさせたことを進めたのは仙台屋敷の留守居役、大童信太夫である。尊皇攘夷運動が激化する中、外国事情の勉強のために足軽の子供に語学を学ばせようとする仙台藩の将来を見据えた志に驚くばかりだ。

是清はその後30年余の時を経て、正金銀行副頭取として日本の金融政策の明暗を決する大舞台に立つ。1898（明治31）年4月、公債発行の交渉でロンドンに行き、当地のバース銀行のロンドン支店副支配人となっていたシャンドと30年ぶりに再会するのである。シャンドの下でボーイをしていた少年・是清との不思議な縁である。

後にシャンドはチャータード・マーカンタイル銀行横浜支店長代理から大蔵省顧問となった。また第一国立銀行にも招かれ、渋沢栄一はシャンドから銀行実務の指導を受けた。

ちなみに一緒に横浜で勉強した鈴木六之助は、後に日銀出納局長になった人物である。

YC&AC創設者、J・P・モリソンの来日

1867年1月焼け跡の残る横浜に、お茶の商人でクリケットの名手と言われたグラスゴー出身のジェームス・ペンダー・モリソンが上海から上陸し、5年後にはクリケット・グラウンドや今のYC&ACの土台を作る活躍をする。モリソンは、横浜居留地の様子を「この小さな居留地はまさに廃墟のようだ。全ての商業施設、ほとんどの住宅は土台を残すだけで、全て焼失している」と記し、いかに被害の多い大火であることがわかる。

事業家となったモリソンは数年後の講演会で大火のことについて、「店という店は焼け落ち、住人のほとんどは何もかも失って着の身着のままといった状態でした。来る直前に上海で、ロンドンにいたころからの古い友人であるガス・ファーリーから手紙を受け取ったのを覚えています。彼もまた被災者でした。手紙には、分けて

もらえる衣類があれば、何でも送ってほしいと書かれていました。私の友人たちは焼け残った数少ない建物のひとつである7番地の平屋を事務所にしており、住まいはジョージ・バーネット商会所有の山下町18番地の2階建ての大きな家でした」と当時のことを語っている。

クリケット・グラウンド建設に奔走したモリソン

モリソンは回顧録の中でグラウンド造成のことを次のように語る。「私は1867年に来日した時にまず思ったのはクリケット・グラウンドを作ることだった。場所は265番地（現横浜中央病院付近）である。この土地に60ヤードスクエア（約55m×55mの広さ）の土地使用の許可を貰ったがそこは新沼地と1870年代の初期、明治政府は横浜居留地周辺造成事業の一つとして、スワンプ・グラウンド（埋め立て地）だった」。

さらにモリソンは「まだ山手には兵営以外ほとんど建物はなかった。墓地を過ぎた兵営はコーネル・コーナーと呼ばれ、スポーツの試合に使った。（中略）私の来る前は20連隊で、来た時は9連隊、次に10連隊となった。10連隊と一番楽しい思い出が多い。10連隊は居住者に溶け込み、スポーツと社交で居留地に活気を与えた。（中略）1868年に英国から帰りクリケットクラブの結成に努力した。クリケット場は居留地の沼地の所にあった」と回顧録に書いている（横浜開港資料館発行『横浜居留地の諸相』大藤啓矩）。

また『ファーイースト』（1871年5月16日号）には「10連隊1大隊の士官とYCCとの試合が今月2、3日ウメチ（埋立地）のクリケット・グラウンドで行われた。試合前にどちらのチームも練習しなかったので、プレーの粗雑さが著しく興味をそいだ。シビリアンが勝ち、スコアは156対117であった」という記事もある。

「2、3日」に行われたというのはスコアからして2日間の合計得点なのだろう。おそらくフットボールもここで楽しんでいたはずである。クリケッターの熱心な行動力のおかげでグラウンドが確保でき、フットボールも楽しめた。試合が終わると居留地に戻り、バーでワインやビールを飲みながら会話を楽しんでいた。

余談だが、1872（明治5）年9月、新橋横浜間の鉄道が開通した日に大変面白い出来事がある。そこに立ち会ったのはヘラルド紙に勤務したこともあるE・J・モスである。鉄道開通式に立ち会ったモスは初めて天皇陛下に拝謁した時のことを次のように書いている。

「式辞と祝辞が読み上げられた後、陛下が退席された。そのとたん、陛下が座られた椅子やテーブルめがけて群集がどっと押し寄せた。テーブルの布はズタズタに引き裂かれ、運よく断片を手に入れることのできた人は神聖な記念品として後々まで秘蔵した」の描写に驚かされる。まさか規律正しい日本人がこんなことをするとは想像できなかった明治初期の出来事である。

大火がもたらしたブライトンの都市改造へ

日本初の洋式公園といわれる横浜公園がなければ1901（明治34）年、歴史的な慶應義塾とYC＆ACのラグビーマッチは実現しなかったかもしれない。そこで横浜公園の完成する経緯を調べてみると、西洋人、特に英国の階級制度にも関連する。

横浜にやって来た中流以上の階級に属する人々が集まり、音楽会や花の鑑賞などを楽しむ舞台装置が公園だった。居留民のために平和な生活維持の駐屯兵だけでなく、豊かな生活と階級ステイタスを誇示するためにも公園は欠かせないステージだった。

したがって1866（慶応2）年11月の大火の後、日本政府と締結された「横浜居留地改造及び競馬場墓地等約書」は近代都市プランであり、悲願の公園建設に拍車がかかることになる。

その内容は火災防止の対策として公園の建設、日本大通りの建設、新居留地の造成、周辺運河の改修など幕府から外国側に提示された。公園に限れば、具体的には「港崎遊郭を移転した跡地に外国並びに彼我にて用ふへき公けの遊園となし是を広め平坦になし樹木を植え付ける事」（神奈川県史資料編）とあり、日本国内20以上の灯台を設計したとして知られる、いわゆる「お雇い外国人」R・H・ブライトン（1841〜1901）に設計を依頼した。

ところが1871年6月、設計段階で英国からの過分なリクエストに米国が反発し、ブライトンは設計変更を余儀なくされた。結局クリケットグランドを公園の中央に配置した案に落ち着いた。

正式な完成は周辺の植栽工事を終えた１８７６（明治９）年である。彼我公園（「彼」は外国人と「我」は日本人）と称し、グラウンドは依然として外人専用であったが、それを除く部分を横浜市の管理とし、横浜市民の公園となって自由に出入り可能になった。

1877年頃の公園　案内板から撮影

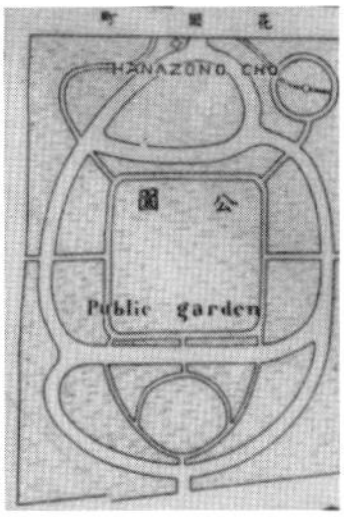

横浜公園内のブライトンの胸像

イラストの試合はいつ、どこで

『横浜市史（第3巻）』によると、クリケット・グラウンドについて「１８７４（明治7）年9月14日にはこの公園は完成に近づいており、そして樹木の植込みは現在依然として遂行されつつある」と記されているが、約6万3千㎡の公園内にできた縦横約81ｍのクリケット・グラウンドは１８７２年中に芝が植え付けられたという記録があるので公園完成前にクリケットやラグビーをした可能性は高いようだ。

そうであれば１８７３年ＹＦＢＣのフラッグがたなびくラグビー試合のイラストに描かれたグラウンドはこの地ではないだろうか。ちなみに月額１００ドルの公園維持費について日本政府と英国領事館はその支払いを巡って協議したという。

さてイラスト試合は１８７４年4月発行の『ザ・グラフィック』に掲載された１８７３年11月に行われたラグビーマッチと試合内容が米国の新聞『ザ・ハーバーズ・ウイークリー』に掲載されている。このマッチリポートを以下に紹介する。

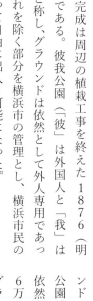

イラストと解説　（提供：マイク・ガルブレイス）

「昨日の午後、シーズン3回目の試合が開催された。英国対スコットランド・アイルランド連合軍の試合は4時キックオフされた。試合結果は引き分けだったが、優劣よりも気合いの入った試合だった。天候は試合に影響のない無風の暖かい晴天に恵まれた。前半は英国にゴールされ続けたが、後半サイドが替わってから、連合軍が持ち前の迫力で巻き返した。当然ルールに従ってのゲームで、多くのスクラムが組まれた。結局、時間切れとなった」、「見事なドリブルを見せたガビンズや華麗なHBのアボット。その他メサーズ、ハミルトン、アベル、ヒル、フレイザーらがゲーム中目立っていた。また、メルヒュッシュ、デイア、ウェラーらも同様に活躍した。グランドを去る前に来週の水曜日午後、リターンマッチが行われるだろう、ということを耳にした」。

　このイラストの出来事から数年先であるが、横浜とスポーツに関して見たままを記録している英国人旅行家がいた。1881年5月、横浜に上陸したアーサー・クロウ（1861〜1901）は、当時の居留地の様子を「町のほぼ中央、外人地区と日本人地区の中間にクリケットクラブとベースボールクラブのグラウンドがある。冬になればフットボールに利用されるにちがいない。断崖の上の美しい公園の中には。女性のテニスクラブが5面のコートを持っている」と西洋人に恵まれたスポーツ環境が提供されたことが書かれている。滞在中、クロウは富士山にも登る程の健脚家だった。

　このグラウンドの借地契約が切れて、代替地を求めて1912年に山手・矢口台に移ることになる。ここに現在のYC&ACのグラウンドが存在する。それよりモリソンの関心事は、彼がダイナマイトの輸入を手掛けるようになって、日本の鉄砲火薬類取締法案に引っかかるかどうかである。健康を売るお茶の商人として来日したが、武器商人とも化したわけである。

　このグラウンドでは各種のスポーツが盛んに行われていたが参加人数はほぼ同じだという。それはある人が自分のスポーツクラブに誘う代わりに、相手のスポーツに参加することだ。したがってクリケットとフットボールは同じ顔合わせになる。そればかりか、当日の参加人数によってはサッカーまたはラグビーにも変更される柔軟さもあった。

ＹＣＣ（横浜クリケットクラブ）から ＹＣ&ＡＣへ

　モリソンは来日前に上海でクリケットを楽しみ、自ら当地でクリケット場を建設した大のクリケットファンである。仲間のプライス他の仲間を集め、１８６８年にＹＣＣを立ち上げ、モリソンは会長、プライスは事務局長に就任した。その他、フレイザー、ハミルトン、スコットが役員に名前を連ねた。この年が現ＹＣ&ＡＣの創立年となっている。

　１８８４（明治17）年４月にＹＣＣがスポーツ４団体（フットボール、野球、陸上競技、ローンテニス）を吸収し、ＹＣ&ＡＣ（横浜クリケット&アスレティック・クラブ）として名称を変更した。そして１８８６年12月、ホテルクラブにフットボールに興味あるメンバーが集まってルールを協議し、ア式フットボールルール（サッ

1894.11.03　YC&AC クラブハウス　（提供：YC&AC）

カー）を採用した。その理由はフットボールメンバーは25名しかいなく、少ない人数でもプレーできることである。

早速1月5日にはこのルールでア式フットボール試合を組んだ。「JWM」（1887/1/1）によれば、これまではラグビー式ルールのフットボールを楽しんでいたが、少ないメンバーで2つに分かれて楽しむとなればア式フットボールを採用せざるを得なくなったという。

J・C・フレイザー（1840 – 1913）
（横浜開港資料館所蔵）

1898年、YC&ACクラブハウスの再建

YCCの時代、横浜公園内にクラブハウス（パビリオン）を建設後、10年以上経過し老朽化も進んだ。そこで木造2階建の施設が1898（明治31）年に新築された。建物の片側には時計塔を設置し、1階はバーと更衣室、洗面所、倉庫、2階には昼食会などに利用できる広い部屋がある。モリソン会長と故エドガー・アボット氏のポートレートが飾られている。「JMW」（1898/12/10）の記事「新しいクリケット・パビリオン」に書かれている内容を以下に記す。

1898年12月10日晴れ渡った日曜日、新装になったハウスがオープンした。記念すべきイベントはフットボールの試合と自転車競技が行われた。フットボールは若手対年寄り組で行われ、若手が勝利した。昼食会には会長のモリソン、医師のウィラー、射撃の名手ギルビー、イートンなど40人ほどのメンバーが参加した。

モリソンは乾杯のあいさつの中で、「クリケット・パビリオンの建設に関わったのは三度だけだが、なかった時代にはクリケットの道具をニュースワンプとして知ら

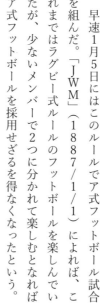

れた場所の中央の小さな草原に運んだものだ。1868年のことです。1870年に現在の場所に移り、2、3年後パビリオンを建てた。エドガー・アボットのおかげで当時複数のスポーツクラブの合併が成功した。私は常に健全な肉体に健全な魂が宿るという金言を信じてきました。また私はクリケット・グラウンドが横浜の若者たちに大きな影響を与えてきたし、永遠に与え続けるであろうと信じている」と話した後乾杯となった。11時から若手対ベテランのサッカーの試合も行われ、ラグビー伝道師クラークが線審を務めていた記事がある。

横浜公園内のクラブハウス　YC&AC 提供

1880 年代の横浜公園　提供：YC&AC

1900年、YC&ACのラグビー試合にクラークと田中が参加

英国留学から帰国したクラークと銀之助、YC&ACの会員になってラグビーを楽しんだという記事が書かれたのは「JWM」（1900/12/22）である。土曜日の午後行われたクリケット・グラウンドでのラグビールールでのフットボールは観衆にとっても、たとえルールがわからなくても熱の入るものだった。横浜ではラグビーが人気のスポーツになると期待していた。

試合は白ジャージー組（ホワイト）対色付きジャージー組（カラー）、いわばクラブ内の紅白戦だ。しかも規定以上に多くの控え選手も参加し、キックオフからノーサイドまで激しい攻防が続いた。クオーターバック3人のうち、ダイアーとシドニー・ウィーラーは目立った動きをした。

特に後半、銀之助は密集からうまく抜け出したこともあった。カラー組がトライ後、クラークがキックしたが不成功だった。ホワイト組がハーフタイム直前にトライを決めた。後半はお互い互角だったがカラー組がトライ、コンバートは外した。結局ホワイトが9対6でカラー組を破った。

時にはア式ルールでも楽しんだフットボールだが、やはり観客からすればラグビー式フットボールの方が見ごたえのあるものだった。この試合に出場した選手が翌年のYC&ACは慶應義塾の一戦に参加したかは不明である。

『The Japan Weekly Mail』1900/12/20）
（横浜開港資料館所蔵）

Of the game little need be said. As we have hinted above, it was very fast at times, but the presence of so many more additional players than the rules provide for made it more or less of a scramble from beginning to end. Among the three-quarter-backs, Dyer and Sidney Wheeler distinguished themselves more than once, succeeding in making several good rushes, more particularly in the second half. Crawford, Tanaka, Strome, and Goddard showed up well among the forwards.

W. S. Moss, Captain of the Whites—an old county player in England—succeeded in getting first touch-down for his side, but he failed to convert. The Colours were next to attempt to score, Hayes touching-down directly behind goal. E. B. Clarke took the kick, but luck did not attend him. Play for a while after this was principally in the three-quarters territory of the Colours and several scrums resulted. Then W. J. White secured the leather and touched-down for the Whites. Again the ball went wide and low. On resuming after the kick-out, the Whites forced the pace again and several bits of creditable passing were seen. Shortly before the whistle blew for half-time, another try was placed to the Whites' credit. After the interval the play was very even, each side pressing alternately. Colours obtained one more try, which they failed to convert, and nothing further resulting, the game

YC&ACクリケットグラウンド、継続使用の交渉と山手への移転

YC&ACが現在の山手（中区矢口台）に移転する前、2年間に亘る神奈川県との交渉があった。『横浜市史（第5巻下）』に書かれているので要約して以下に記してみたい。1866年に「横浜居留地覚書」を英国などの国々と居留地の改造、競馬場、墓地などの造成に関する取り決めをし、横浜公園（当時は彼我公園とも呼ばれた）は1870（明治3）年から建設計画が進み、1874年9月に着工した。だが着工前からクリケットなどを楽しんでいた記録もある。

横浜公園内のクリケット・グラウンドは当初、公園地と越後町の間の埋地にあったが、1871年に廃止され、着工前の1872年から公園の中央にクリケット・グラウンドを造成し、使用を始めた。広さは約6千500平米、1878年には約1万平米に拡張された。当時はYCC（横浜クリケットクラブ）と呼ばれ、1年間180ドルの借地料を支払ったが、1882年

には約1万5千平米に拡張し、年間275ドルの借地料になった。

1884年、YC&ACと改称され、新たに契約したグラウンドの広さは約1万8千平米、年間借地料は約330ドルとなった。この契約は1884年から1899年まで続いたが、1899年に改めて10年契約となった。そして1909(明治42)年、この契約の更新を巡って大きな外交問題にまで発展した。

1907年6月、契約満了を2年前に控え、YC&ACは引き続き利用できること、もし継続利用ができないなら代替地を用意するように神奈川県知事に願い出た。知事は「公園は市民の憩いの場であり、最近は人口も増え、他に土地があっても地価が高騰し、多大の費用を要する。公園を全部引き渡すようにお願いしたい」と伝えた。

YC&ACはこの問題に対応するために委員会を結成し、神奈川県に陳情を重ねたが県の方針は変わらなかった。そこで駐日英国大使マクドナルドは外務大臣林薫に、狭くなっても良いから公園の一部利用、または代替地をお願いした。

そこで神奈川県はグラウンドの代替地に横浜市南区中村にある石油貯蔵庫の跡地を紹介した。この地は以前スタンダード石油が借用していたが、1905年に移転したので跡地の一部、約2万平米の土地をクリケット・グラウンドに充てる案を上程し、横浜市議会の承認も得られた。

しかし、YC&ACは居留地から遠く、不便であることを理由にこの申し出を断った。この土地の所在、現在では中村小学校に隣接し、川を隔てては横浜市立大学付属市民総合医療センターがある。確かに居留地からは徒歩圏内とは言いがたいが、一概に遠いとは言えないようだ。

余談であるが、この跡地はその後、神奈川県揮発物貯蔵庫として利用されたが関東大震災で出火し、目の前の中村川に油が流れ、川一面は火に覆われ橋を焼き尽くし、また多くの家屋が焼かれた。焼跡には関西からの寄付によってバラックが数棟建てられ、一時期「関西村」とも言われた(『横浜市南区史』)。

結局、神奈川県はグラウンドを横浜市の管理に置き、公園の隅に移動、外国人専用でなくだれでも利用できるように、また一定の使用料も徴収することを提案した。そしてクラブ施設の撤去も命じた。約6万平米の公園中央に約2万平米のグランドの継続許可を認めないという方針に変更はなかった。

神奈川県は1909年7月、YC&ACに3ケ月以内に明け渡すように最後通告をした。そこでYC&ACは1909年6月、モリソンの事務所で委員会を開き、580名の居留民の署名を得て県知事に次のように要望書を出した。「人々の日常生活におけるスポーツの重要性をお気づきになられたことだろう。それゆえに閣下（県知事のこと）は彼らが習慣づけられてきているスポーツを、かつ本国のような環境にはないけれども、東洋のすべての港で居留民の健康と安寧のために、なくてはならない必要物と認められているスポーツを続けたいという外国に居留する人々の希望を理解することができるであろう。このような事情からすべての国籍、職業、商工業部門を代表して謹んで我々のために閣下の努力と現在のグラウンドを使用する機会の継続を要求する」と。彼らにとってスポーツは健全な生活維持には不可欠であることを訴えたが、神奈川県からの反応はなかったという。

また日英条約第18条第5項に基づき継続利用が可能だと主張したが、YC&ACという私設団体に貸したので公共の目的とは認められないと回答があった。その年8月、県は公園の隅に新グラウンドを約1万2千平米とし、芝生を植え、1910年の秋までに工事を終えるという計画案を提示した。

クリケットマッチ
1911年10月横浜公園グラウンド
（横浜開港資料館所蔵）

1920年代　YCAC対KRAC　ラグビーマッチ

一方、ＹＣ＆ＡＣ内部でも強硬グループと神奈川県の提案を受け入れるグループの烈しい対立があったが、11月1日、ウィラー会長は２００名の会員が参加した集会でグラウンドの借地契約の確保は失敗したと述べた。11月26日、神奈川県当局との協議の結果、建物などクラブの財産はすべて無条件の神奈川県に提供されることになった。このまま継続使用を求めてあらゆる手段を講じたＹＣ＆ＡＣだったが、結局のところグラウンドを公園の隅に移動する提案を承認した。そして3年後の１９１２年、ＹＣ＆ＡＣは現在の山手に土地を確保してＹＣ＆ＡＣ（横浜カントリー＆アスレティッククラブ）と改称して再出発したが１９２３（大正12）年9月1日、関東大震災によってクラブハウスは倒壊してしまった。

長いこと外国人限定の会員資格だったが、１９７９（昭和54）年から日本人会員制度もできた。その当時、日本人は会員権を得るには15年も待たねばならなかったというから憧れのスポーツクラブだった。だが約30か国、千名を超える会員数をキープしていたが近年はその半分程になってしまった。今では公益社団法人の資格を得て、地域スポーツの普及にも力を注ぎ名門復活に努力している。

横浜が日本のラグビー発祥地と言われる理由

横浜・山下町エリアにはこのようにＹＦＢＣの総会会場（山下町１２７番地）、沼地の埋め立てグラウンド（同２６５番地、同83番地）、本書で別途紹介する中華街・山下町公園の隣にあったクラークの父が経営していたパン屋（同１３５番地）、クリケットなどの用具を収容していたモリソン商会（同48番地）などラグビー発祥に関する興味の尽きないレガシーが点在している。

それは開港後、居留民たちが異国の地でも貫くライフスタイルを求めていたからだろう。そう考えると、快適な気候に恵まれている横浜で各種のスポーツを楽しみ、その中からアジア最初のラグビークラブが生まれたのは決して偶然ではない。上記の場所はいずれも徒歩圏内なのでウォーキングしてみる価値はありそうだ。まさに横浜はラグビーとの歴史的に関わりがあり、

ＲＷＣ２０１９のファイナルにふさわしい土地だといえる。

ラグビー伝道師田中銀之助と〝天下の糸平〟

田中銀之助の祖父は豪快で博才のある商売人、〝天下の糸平〟と言われた田中平八（旧名 釜吉）（１８３４～１９８４）である。平八の長男洋之助が2代目〝平八〟と名乗り後を継いだが、姉の〝とら〟の亭主（養子）菊次郎に経営を託して洋之助は英国に留学していた。菊次郎の長男が銀之助（１８７３～１９３５）であり、その菊次郎が１８８７（明治20）年7月に亡くなり、洋之助は帰国した。

そこで当初から銀之助に将来託す夢もあり、菊次郎の逝去後、１８８７（明治20）年10月に開校したヴィクトリア・パブリック・スクール（以下ＶＰＳと略す）に学習院から転校した。銀之助は叔父と交代で留学したような形で１８８８年に英国に渡った。

幸い銀之助の祖父初代平八は１８８２（明治15）年に横浜市西区花咲町7丁目、掃部山《かもんやま》の下に敷地1万坪、50畳の座敷がある大邸宅を建設したので、ここから山手まで通学は可能だったが、40名の生徒が入学したＶＰＳでは、東京と長崎からの寄宿生が5、6名いたという記録があるので銀之助は寮生活だったかもしれない。

「日本ラグビーの父」記念碑
共に筆者撮影

東京・木母寺の石碑

平八の店『横浜銅版書画』

もう少し初代平八のことについて頁を割くとする。信州伊那に生まれた平八は横浜に出て生糸売り込みやドル相場に打ち込み1866年に糸屋を開店、生糸相場で成功した。そしてこれまでの借金を返済し、1868(明治元）年には洋銀相場開所の開設、その後横浜為替会社、横浜生糸改会社を創設した。

さらに横浜のガス事業にも参加し、1872年の鉄道開通では横浜市民を代表して祝詞を務めたこともあった。この時明治天皇をお迎えした時の横浜市民の家々は国旗を掲揚した。今では薄れてしまったが、祝日に国旗掲揚の習慣が生まれたのはこの時からである。

2020年2月、平八に関する古文書が発見された。地元紙『長野日報』によれば、1870年には苦しい財政の故郷・高遠藩に5千両を貸し付け、保証人になったという文書である。一個人で藩の財政を背負うには財力だけでなく、度胸がなければできないことだ。

そして1883年に資本金30万円で田中銀行を創設したが、この頃から肺を患い熱海で静養した。その間、当地では私財を投じて不整備な水道工事を実施したという。残念ながら1884年6月、50歳の若さで亡くなった。平八の菩提寺は横浜市神奈川区神奈川新町にある良泉寺であり、向島木母寺には伊藤博文の揮毫による「天下の糸平」巨碑が置かれている。

銀之助の叔父にあたる2代目平八の三男釜吉は、欧米より輸入した機械・船舶・武器・軍需品などを取り扱う明治期の大手商社である高田商会代表の高田慎蔵の養子となった。事業拡大によって一時は隆盛を極めたが、贈賄事件や慎蔵の逝去、関東大震災などで大正14年に経営破綻した。その末裔にあたるのが女優・高田真由子である。

「富貴楼」の女将を支援した平八

生前の平八が支援した富貴楼の〝お倉〟(斎藤たけ1837～1910）の話題は面白い。彼女の気風の良さにひかれて政府高官たちはよく横浜にやってきた。横浜は人目につきにくい土地だったからだ。例えば1871（明治4）年、岩倉具視使節団が米国汽船で出帆する際の壮行会を富貴楼で開催した。その様子を「富貴楼は歓送会場となり、大隈重信、井上馨、山県有朋などが見送り、一行とともに宿泊までした。この時横浜花街は空前の大盛況と称され、遠く東京、新橋、柳橋の芸妓の応援を求めるほどの騒動であった。会計一切を陸奥宗光が取仕切り、祝儀に出した額だけでも銀貨100両だった」と『日本花街志』（加藤藤吉著）に書かれている。お倉の横浜出店は平八の援助がなければできなかった。

1877年西南戦争勃発の直前、富貴楼で岩崎弥太郎、大久保利通、大隈重信の極秘会談がここで開かれた。このような会談の度に、知り得た情報をお倉は平八に知らせ、タイムリーな商機を逃さずに勝負した。富貴楼には岩崎弥太郎など実業家や政治家も出入りし、「横浜閣議」という言葉も生まれるほどであったという。

ラグビー伝道師E・B・クラーク、田中銀之助との出会いと英国での再会

筆者は歴史ファンタジアンではないが、田中銀之助とクラークの不思議な出会いがRWC2019決勝地・横浜を運命づけた気がしてならない。銀之助はE・B・クラーク（1874〜1934）と横浜で初めての出会いは横浜山手179番地にあり、1887年に開校したヴィクトリア・パブリック・スクール（VPS）だった。クラークは山下町135番地にパン屋「横浜ベーカリー」を営む父と共に山手に住み、ここから通学した。銀之助は東京に住み学習院から転校して留学への準備のためにVPSに入学した。

VPSの開校は横浜に住む西洋人にとって、異国の地での子弟への教育施設はかねてからの念願だった。寄付金も予想以上に集まったという。学科は英文法、作文、朗読、簿記、ラテン語、歴史、数学、幾何学、代数学、物理学、フランス語、ドイツ語、音楽など充実したプログラムだった。

学費は1学期あたり20ドルから30ドル、校長を務めるのはチャールズ・ハワード・ヒントン。数学者で「第四の次元」を世に知らせた人である。ヒントンはパブリック・スクールの名門ラグビー校を卒業、オックスフォードに進み、その後教育への精力的な取り組みが評価され校長を任命された。ラグビー校卒業ならばエリス少年の

ラグビー起源史話などを銀之助、クラークにも話しただろう。不思議なことに山手の歴史を表す書は多くあるが、VPSを語る書はなぜないのだろうか。

銀之助はここで学んだのはわずか1年、1888（明治21）年には英国に旅立ち、1891年リーズ・スクールで学んだ後ケンブリッジ大学に入学した。銀之助がリーズ・スクールに入学したほぼ同じ頃、日本人がすでに在学し、その1人が副島種臣の三男正道であり、後にIOC委員として各国を根回してオリンピックを招致したにもかかわらず1940年東京五輪開催を断った渉外役を務めた人だ。

クラークと銀之助
（『JRFU80年史』）

英国留学の銀之助

リーズ・スクールを卒業した銀之助はケンブリッジ大学でクラークと再会を果たしラグビーも楽しんだ。銀之助は1893（明治26）年にトリニティ・ホールに入寮した。そして法律のトライポス試験（優位学位試験）に合格し、1896年法学士の学位を受けた。8年間の英国生活後、同校を卒業し帰国。早速、家業の田中銀行取締役に就任した。北海道炭鉱汽船、日本製鋼所などの役員を歴任、1913（大正2）年には田中鉱業の代表取締役に就任した。

一方クラークは1896年に英国から戻り、慶應義塾で英語を指導することになった。銀之助との再会を喜び、2年後にクラークが学生にラグビーを指導する時に不得手な日本語のため銀之助に協力を求めたのは当然のことだった。

銀之助の熱血指導

銀之助は時折、日本橋の田中銀行から三田綱町のグラウンドまで馬車でやって来たという。1901年にはYC&ACと初めてのラグビー試合で選手として銀之助と一緒にプレーした。銀之助は選手には技術的なことよりも精神的なことを教えた。例えば、試合後に「今日はフェアプレーをしたか」と聞き、「ファインプレーをしたか」とは聞かなかった。どんな時でもプレーは「フェアにすべきだ」と言っていた。

例えば、練習中に一人の選手がバスケットの膝サポーターを着けていたのを見て「自分だけ安全な防具をつけてゲームをすることはラグビースピリットに反し卑怯だ」と一喝した話もある。時折レフェリーもする銀之助だがルールについても「ラグビーのルールは極めて簡単明瞭だ。すなわち不当、不正なプレーをする者が損するように解釈すれば間違いない。この精神はルール解釈の基本だ」と明快な説明をした。

当時慶應義塾に学んだ田辺九万三（元日本ラグビー協会「JRFU」副会長、理事長）は銀之助の熱血指導のエピソードを次のように残している。「ラグビー部マネージャーが銀之助宅を訪問した時、たまたま英国大使館の晩餐会に招待され出掛ける時だった。話がラグビー指導になり、パスやキック、挙句の果てに絨毯の上に寝転んだりした。出かける寸前のタキシード姿のままの指導に驚いた」という話も有名である。

銀之助は留学前には学習院で学んだこともあり、母校にボールを寄付するなどラグビー部の設立に努めたが、創部はずっと遅く1928年（昭和3年）である。そのような縁から2019年11月、日本ラグビーの基礎を築いたことを顕彰し、慶應義塾と学習院の両ラグビー部OB会が中心となって多磨霊園に「日本ラグビーの父」記念碑を建立した。

クラークの実家は人気のパン屋「横浜ベーカリー」

銀之助と同様にクラークのことを語らずして日本のラグビー発祥を説明できない。まずはクラークの父（ロバート）が山下町135番地に経営していたパン屋〝横浜ベーカリー〟の広告から紹介する。この広告は「ジャパン・ヘラルド（1865年8月12日）」に掲載された。「No135　スワンプ・コンセッション」というのはこの土地が埋め立て地であることを意味している。そして、パンの品質と種類を紹介したものだ。

　実はクラークの父ロバートは横浜で初めてベーカリーを1864年にオープンした米人ジョージ・W・グッドマンにパン製造技術を学んだ。すでに1860年には内海兵吉がフランス人から製法を教わり、富田屋というベーカリーを開店し「元祖食パン」を焼き始めていた。したがって外国人によるパン屋第1号はグッドマンになる。

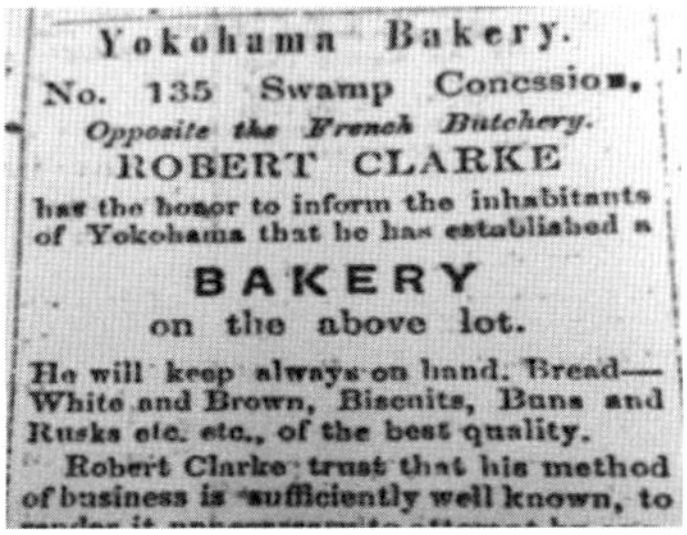

横浜ベーカリーの広告『The Japan Herald』(1865/8/12)
（横浜開港資料館所蔵）

生麦事件後、治安維持のために1862年から英国兵が山手の駐屯地に住むようになり、パンの需要は高まりグッドマンは順調に事業を伸ばしていった。ところがグッドマンが病気療養のために帰国したためにロバートは留守を預かることになった。

　結局1865年1月、帰国したグッドマンは病気が原因で文字通り帰らぬ人となった。そこでロバートはグッドマンから引き継ぎ、「横浜ベーカリー」として山下町135番地（現山下町公園）に開業した。写真は居留地に住む西洋人向け広告である。品質の高い各種食パン、ビスケット、丸いパン、ラスクの販売と自らの商売の方針を訴求している。

　1871（明治4）年、ロバートは店舗を山下町129番地（横浜市中土木事務所周辺）に移転し、そこに礼拝の場所を設けた。またロバートは、研究熱心でおいしいパン作りに励み、山手の駐屯兵には人気のパン屋だった。

　店舗とは別に山手42番B（現フェリス女学院のキャンパス）に自宅を所有し、テニスコートもあったというから大邸宅だった。また日本人聖徒のために聖アンデレ教会に私財を投じて横浜市中区寿町三丁目に建設した。残念ながら1891年2月、ジャマイカ北部にあるブラウンズタウンで亡くなった。

この店で修業した打木彦太郎が始めた店が「ウチキパン」の前身「横浜ベーカリー宇千喜商店」である。店名の頭に「横浜ベーカリー」を遺したのは彦太郎が師匠ロバートの名を継いだことを表している。ウチキパンは日本式に本格的な食パンとして売り出し、特に山型食パン「イングランド」は人気商品の一つである。

ところでロバートの妻エリザベスはクラークが誕生した後、不幸にも亡くなった。ロバートは原ミヤと再婚した。クラークの弟ピーターはミヤとロバートの間の子だろう。ジャマイカのファミリー調査を調べると、ロバートの再婚相手は「Cara Mia」となっている。「原」が「Cara」にどうして変化したかは定かでないが、CとHの間違いがあったようだ。

ミヤはロバートの死後、店を引き継ぎクラークと子供の世話しながら商売を1900（明治33）年まで続けたが1908年に亡くなった。ミヤとの間にできた一人娘レベッカは夭折し、ミヤと共に外人墓地に眠っている。

秀才クラークとラフカディオ・ハーンとの出会い

ヴィクトリア・パブリックスクールに在学中のクラークのことを記したい。「JWM」は1887年4月23日付から1894年12月1日付の紙面に時折、VPSを取り上げていた。例えば1888年11月17日付では創設初めての運動会の記録が記され、220ヤードレースではクラークが後半追い上げて優勝、またハーフマイルレースでも優勝した記録がある。1889年6月6日付の同紙ではフランス語と地理の優秀者にクラーク、一方銀之助は平均点トップで金メダルを受賞したことも書かれている。

もちろんクラークも成績優秀で時には先生役を務め教壇に立ったともある。このように教師役にしないとすべての科目で優秀賞を独占することになるからだったという。この学校でクラークはラフカディオ・ハーンから英作文の指導を受け、思いついたことや急に湧き出た文章を書きとめるようにメモ帳を携帯することをハーンから指導された。

VPS卒業の後に1890（明治23）年9月カナダ、米国へ漫遊旅行に旅立った。この旅の途中で父ロバートは亡くなった。またクラークも胸の病でロバートが療養生活を送ったジャマイカで治療を受けた。幸い回復し、ジャマイカのキングストン大学で英国留学への準備をしていた。

クラーク、ケンブリッジ大に学ぶ

クラークは1893（明治26）年10月ケンブリッジ大学コーパス・クリスティー・カレッジに入学、ロマン語や現代語などを学び、スポーツではラグビーの他クリケットなどを楽しみ、銀之助と再会も果たした。また100ヤード競走にもカレッジ代表で出場したこともある。1896年6月、文学士を授与されたクラークは卒業に際し、引き続き大学に残って研究したかったが病気のため断念し日本へ帰国を決めた。4、5年前に胸を痛め入院したこともあったが、完治はしていなかったかもしれない。

入学3年目、銀之助の帰国した年にクラークは文学士の学位を得たが、1897年に病にかかり、研究を諦めて日本に帰る決心をした。この時、持病である胸の病が再発したかもしれない。英国からニューヨークに出て米国大陸を横断し、バンクーバーから横浜に戻った。1か月の長旅を終えて治療のために帰国し、ミヤのいる山手の実家で暮らした。

慶應義塾で初めてのラグビー指導

ケンブリッジ大学を卒業し、英国で教師と牧師していたアーサー・ロイド（1852～1911）は1884（明治17）年に宣教師として来日し、慶應で英語を教えるかたわらキャンパス内に教会を創設した人である。当時ロイドは15か国語に通じていたといわれ、来日わずか7か月目には早くも日本語で説教したというから語学の達人だ。立教大学の運営にも尽力した人でもある（立教大学デジタルライブラリ「アーサー・ロイド」絵入り英訳書）。

そのロイドからクラークに慶應での英語講師を勧められたのは1899年1月のことである。クラークは高等科と普通科で英語、大学の理財科で英作文を指導することになった。そして、クラークは冬の間何もしない学生に楕円球のボールを使うスポーツを教えた。この時こそ日本人が初めて触れたラグビーだった。

クラークが授業に来た時のことを蹴球部の猪熊隆三は「理財科の英会話の時間にスポーツの問題を取り上げ、ラグビーこそウインタースポーツとして理想的なものだと説いて、強い印象を我々学生に与えたのである。先生は『是非やってみなさい。やってみる気があれば、幸いここに生粋のキャンタブ*で優れたプレーヤーがあるから、その人を紹介しよう』と言われた。（中略）そもそも日本のラグビーの発端は、まさにこの日この場所においてであると言ってもあえて過言ではあるまい。紹介された人は最近英国から帰ったばかりの田中銀之助氏であった。氏はパブリック・スクール入学からケンブリッジ大学卒業まで多年間純英国風に教育された人で対外試合に同大学を代表した唯一の日本人であったそうです」と『田邊九万三追懐録』（1956年）の中で述懐している。

だが仲間集めは順調に進まず苦労したそうだ。グラウンドにポールを立て、白線を勝手に引き怒られ、またクラスに呼びかけても危険なスポーツだと言われたこともあったという。

余談であるが、福沢諭吉の三男三八がスコットランドのグラスゴー大学に入学を志し、クラークに推薦文を依頼した時、クラークは慶應と書かずに「フクザワ校」と書いた。理由は「慶應」など西洋ではだれも知らない、「フクザワ校」の名前の方が知られている、とクラークは主張し曲げなかった。

確かに、福沢諭吉は1860年には咸臨丸に乗り込み、半年ほど米国で勉強し、翌年には欧州各国を訪ね調査研究し、「フクザワ」の名を売り込んだ。だからクラークは欧州では「フクザワ校」でなければ通じないことを知っていたのだろう（『随筆慶應義塾 続』高橋誠一郎）。

1901年ラグビー初試合、慶應義塾対YC&AC

横浜公園で初の国際交流試合は1896（明治29）年5月に行われた一高対YC&ACの野球の試合だった。それから5年後、1901（明治34）年12月7日、慶應対YC&ACの一戦が日本チームの初のラグビー試合である。この試合はFWが9人、ハーフバックスが2人、スリークオーターがセンター1人に左右1人ずつという14名の布陣で戦った。タックルで相手の突進を止める方法の他に、「ヘルド」といって捕まえるとスクラムになるルールであった。慶應には英語の教師E・B・クラーク、友人の田中銀之助もチームに加わったが5対39の完敗となり、後半20分以降は混成軍になって練習形式となったという。

帰りの汽車の中でクラークは「敗北の原因は我々の足

＊注　ケンブリッジ大学育ちまたはOBの意味。

1901年12月慶應義塾の初試合
『時事新報』（1901.12.08）
龍渓書舎復刻版許可済み

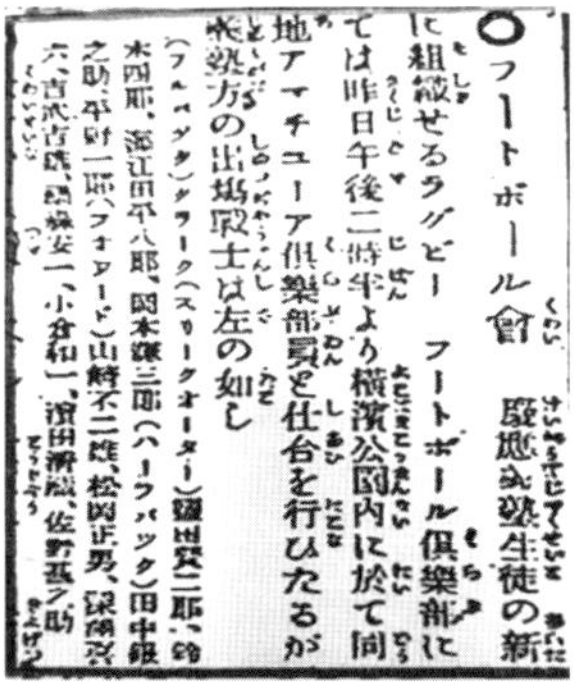

○フートボール會　慶應義塾生徒の新に組織せるラグビー　フートボール倶樂部にては昨日午後二時半より横濱公園内に於て同地アマチユーア倶樂部員と仕合を行ひたるが我塾方の出場選士は左の如し
(フルバツク)クラーク(スリークオーター)鹽田賢二郎、[illegible]木四郎、海江田平八郎、岡本謙三郎(ハーフバツク)田中銀之助、平野一郎(フオアード)山崎不二雄、松岡正男、[illegible]六、吉武吉雄、高橋安一、小倉和一、濱田精蔵、佐野甚之助

慶應チーム『協会80年史』（JRFU）
（提供：日本ラグビーデジタルミュージアム）

日本最初のラグビー試合　絵筆で描写

が短いこと、現在はいかんともなし難いが、子孫の足を長くするには畳ではなく椅子に座らせることに努力しよう」と結論づけた。当時のラグビーはドリブル攻撃が多く足の長さでボール獲得が決まったことを悔やんだに違いない。それから114年後、足の長くなった日本人の子孫が南アフリカに勝利し、世界のラグビー界を驚かせた。

勝てた試合をレフェリーに阻まれた慶應

1906（明治39）年11月、綱町グラウンドで行われた同カードの試合で面白いことが起こった。「宮川偕作君のドロップゴールが見事に決まり、後半に入って4対3となりリードを続けていたが夕闇は漸く濃くなって来るにも拘らずレフリーはタイムアップを吹かない。珍しくもこの日、タッチラインを囲んで集まった観衆からは『タイムだ、タイムだ』と盛んにかけ声がかかるがレフェリーはなお耳を貸さない。（中略）その内に味方の右隅に1トライ許し、同時にノーサイドになって負けて終ったが、外人選手は宮川君を手車に乗せて綱町から三田の学校まで連れかえるという騒ぎであった」とJRFU会長を務めた田邊九万三は『アサヒスポーツ』に寄稿している。

またある時、興奮した観客の話も面白い。慶應がYC&ACが対戦した時のことだ。慶應の選手が脳震とうで倒れ、それを見ていた観客が柵越しに「野郎、日本人を殺した！」と騒ぎ、グラウンドの金網を登ろうとしたこともあった。

慶應、KR&ACと対戦

慶應はKR&AC（神戸レガッタ・アスレティッククラブ）と対戦することになった。1908（明治42）年2月1日にYC&ACとの試合後、夜行列車で神戸に向かい、1日おいて3日に東遊園地グラウンドで試合した。2月3日は福沢諭吉の誕生日で学校は休み、8対0で負けたがKR&ACの会長からマンオブザマッチで宮川が選ばれた。ファンクションではダンスを勧められたが、神戸三田会からの招待があることを言い訳に早めに退場したエピソードが残っている。慶應は明治時代には5回の対外試合をしたが3連敗の後、2引き分けで勝利の美酒は遠かった。

ＫＲ＆ＡＣを少し紹介したい。創立は１８７０（明治3）年9月、薬剤師Ａ・Ｃ・シムの声掛けで居留地の外国人31名の会員で始まったと言われている。翌年には横浜に出向かいボート競技を横浜で争った。まだＹＣ＆ＡＣは発足していない時である。

ラグビーのインターポートマッチは１９０２（明治35）年から開始、年度と勝利チームの刻まれたプレートはＹＣ＆ＡＣのスポーツバーで見ることができる。筆者は数回インターポートマッチのゲームレフェリーを務めたことがあるが、かなりお互いエキサイトするシーンは多かったと記憶している。近年、ラグビーマッチは選手不足から行われていない。

慶應、初めてＹＣ＆ＡＣを破る

１９０８（明治41）年11月14日三田綱町グランド、松岡正男がレフェリーを務め、午後3時キックオフで始まった。ＹＣ＆ＡＣと戦って以来7年を経過、これまでは勝てなかったが徐々に実力をつけ、また相手の戦法もわかり、時期的にはそろそろ勝てる頃のようだ。田中銀之助も現地にやって来た。

クラークと慶應蹴球部『慶応 60 年史』

慶應の初勝利『時事新報』(1908.11. 15)
龍渓書舎復刻版

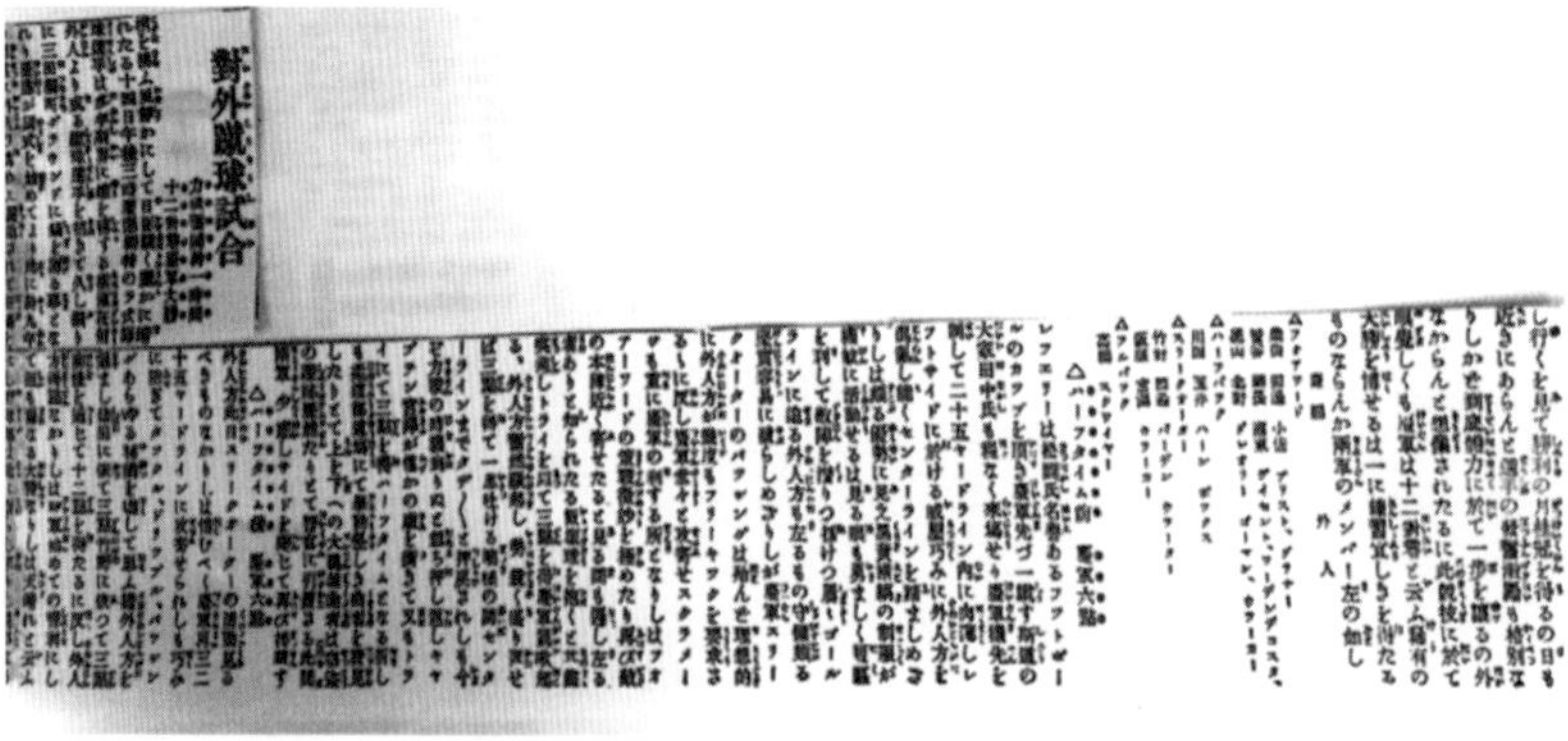

對外蹴球試合

立ち上がりから相手の機先を制し相手25ヤードに迫った。相手は慌てたがゴール前では堅いディフェンスで慶應は突破できない。スクラムでも慶應は優位に立ち、またFWの作戦がうまくいき、相手ゴールに迫りBK飯塚がトライした。しかし相手のわずかなすきを突いて宮沢がトライで6対0。後半、再三相手25ヤードに攻め、チャンスを生かしFW柴田とBK竹野がトライ。12対0で初勝利を飾った(『時事新報』1908・11・15)。

勝因はクラークからオールブラックスの英国遠征記の本が贈られ、これを皆で読み「ニュージーランドシステム」を採用したことだそうだ。嬉しいことにグラウンドで見ていた野球部が花束を贈呈してくれた。この試合中に柔道場に侵入した怪しい者を発見し警官に引き渡されるというハプニングもあったという。

当時慶應の相手はYC&ACあるいはKR&ACが唯一の相手だった。観客の日本人はルールをわからず外国人を投げ飛ばすと喜んで拍手してくれたという。慶應は国内相手チームを求めてラグビー部創部の活動を行い、明治の中野グラウンドに行って説明したこともある。結局、三高と同志社にチームができ、国内試合相手となるチームが生まれるまで10年を要した。

晩年のクラークと孫娘の来日

クラークが京都・三高で教鞭を執るようになったのは、同校で英語を指導していた米国宣教師が帰国することになり、後任を探していた時だった。同校の英文学者・厨川白村（1880〜1923）の推薦があり、1913（大正2）年9月三高へ転じた。1922年には英国皇太子が来日し三高対KR&ACの試合を観戦した時にクラークはアテンドした。皇太子に「日本で初めてラグビーを指導した人物」だと紹介された。

ところで厨川は三高受験のために浪人中だったJRFU会長を務めた香山蕃の家庭教師をしたこともあるというからどこで縁があるかわからない。

クラークはその後京都大学でシェークスピアをテーマに講義をしていたが、1931年神経痛が悪化して片方の耳の聴力を失った。1932（昭和7）年には慶應義塾蹴球部OB会である関西黒黄会の発会式典に参加して紅白戦マッチを観戦したこともある。

そして1934年1月に京大研究室で脳溢血に襲われ倒れた。さらに発作が起き、4月28日に60歳の生涯を閉じた。今では神戸修法ヶ原の外人墓地に眠っている。話は前後するが、クラークの幼馴染で『ジャパン・ガゼット』の記者を父に持つジェシー・イートンと1899（明治32）年4月、横浜山手のクライスト・チャーチで結婚式を挙げた。ジェシーとの間には娘3人、長女ヒーサー、次女エニード、三女シルヴィアがいる。2019年11月来日したのは米国コロラド大に学び、大阪ゼネラルモーターに勤務したこともある三女シルヴィアの娘、米国ワシントンに住むヒーサー・マッキンノンである。

米国アトランタに住む彼女の孫サムと一緒に11月17日から約2週間の滞在中、神戸外人墓地、奈良・京都観

晩年のクラーク

光、ラグビー早慶戦の観戦、慶應日吉グランド、軽井沢、YC＆AC など慶應蹴球部黒黄会の協力によって日本を楽しんだ。

筆者は滞在中のヒーサーにお会いした時、日本での祖父とラグビーの関わりがこれほど深いものかと感慨深く話してくれた。ご自身のルーツがこのような形で紹介され、祖父が改めて讃えられたのも黒黄会の温かい思いやりである。

余談であるがクラークの奥さん方の親戚にあたる往年のアイドル歌手エミー・ジャクソン（本名エミー・イートン）で1965（昭和40）年、「涙の太陽」を大ヒットさせた。どこかで聞いたことがある名前だと記憶している方もいるだろう。

左から３人目ヒーサー、５人目エミー・ジャクソン

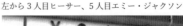

第三章

三高ラグビーの創部、
早慶ラグビーから
〝ジャパン〟の金星

「糺の森」で蹴った楕円球

正式には「賀茂御祖神社《かもみおや》」と呼ばれ、鴨川の下流に祀られてお社という意味で「下鴨神社」、親しみやすく「下鴨さん」とも呼ばれ、今では東西の両本殿はともに国宝に指定されている。

1994（平成6）年12月25日に当神社が世界文化遺産としてユネスコに登録され、日本のお宝が世界的に保護される遺産となった。「糺《ただす》の森《もり》」はその中に含まれ、広さは東京ドームの約3倍の面積があるという。ちなみに最初の世界遺産は法隆寺である。

筆者は下鴨神社を訪れ、石碑〃第一蹴の地〃に向かった。隣にある雑太社《さわた》は、その御祭神の神魂命《かんたまのみこと》の御神名から、魂は玉に通じるとしてキックや足技上達の御神徳があるといわれ、同神社では毎年正月の4日に「蹴鞠初め」が行われている。

勝手な解釈だが「ラグビーの神様」に出会える場所はここしかなく、RWC2019で〃ジャパン〃のベスト8は参拝者の祈りが通じたからだ。2023年のフランス大会に向けて、ラグビーファンなら年に1回は訪れなければならない。

さて話はさかのぼるが、1910（明治43）年9月、慶應義塾ラグビー部員の眞島進は、雑太社を知りながら当地で三高の堀江卯吉に向けて楕円球を蹴ったのだろう

「第一蹴の地」下鴨神社の雑太社　筆者撮影

か。あるいは、意図せずに森の中にキックできるスペースを見つけただけだったのか不明である。

この石碑は「糺の森」でのキックから約60年後、三高蹴球部創部60周年を記念して1969（昭和44）年10月5日に除幕式を行った。石碑に刻んだ「第一蹴の地」の文字は、当時三高同窓会の阪倉篤太郎会長の揮毫によるものだ。

記念碑には「明治四十三年九月第三高等学校生徒　堀江卯吉　中村愛助　相馬竜雄　玉置除歩　慶應義塾塾生　眞島進の指導によりこの地ではじめてラグビー球を蹴るこうして三高蹴球部が生まれこゝに日本ラグヒー界の輝かしい歴史が始まった」と刻まれ、建立の発案者は玉置であると言われている。

2017（平成29年）5月10日にはラグビーワールドカップ2019の組み合わせ抽選会が京都で開催され、世界各国の代表が「第一蹴の地」を視察した。その後、RWCの王者の証である「ウェブ・エリス・カップ」もここにやって来た。

そして同年10月「第一蹴の地顕彰会」が設立された。この会の目的は「世界遺産下鴨神社境内糺の森において、明治43年（1910）関西地方で初めてラグビーがおこなわれた〝第一蹴の地〟（旧制第三高等学校＝現京都大学）の学生と慶應義塾の学生がラグビーをおこなった）の歴史と伝統を顕彰するとともに、当地に祀られている下鴨神社末社さわだ社の御祭神との所縁から、我が国のラグビー界の発展と向上を願い、後進の育成と強化に協力する。併せて、ラグビーを通じて日本の伝統文化に触れる機会を提供し、神社における青少年活動を推進するため、鎮守の森でのレクリエーション活動の一環としてその実践と普及に努めることを目的とする」とある。

名誉会長に森喜朗、会長に坂田好弘などそうそうたるメンバーで構成され、個人会員にはリーチ・マイケル、ジェイミー・ジョセフなどが名を連ねている。ラグビー普及を通じて青少年育成の活動を推進するには、このような組織は欠かせない。下鴨神社を訪れたら立ち寄って欲しいスポットだ。

慶應対三高、日本人同士初の試合

眞島の狙いは1899（明治32）年からラグビーを始めた慶應以外にチームを作ることだった。確かに1907年には群馬県太田中学でラグビーが始まったがまだ3年、ラグビーチーム作りのお願いに一高や歩兵第三連隊に出向いたがうまくいかなかった。そこで眞島は親戚関係となる堀江（眞島家の婿養子となる）に働きかけたわけである。

堀江と医科の同級生である中村愛助を誘い、早速部員集めに奔走した。そして1911（明治44）年9月23日、眞島は慶應蹴球部が製作した「ラグビー式フットボール」という小冊子を参考に基本プレーの練習から開始した。プライドの高い京都人は京都以外の人から受け入れることはしないと思っていたが、逆に新しい物好きの京都人というイメージもあり、この西洋スポーツを受け入れたようだ。

中村は当時を述懐して「田邊久萬三氏からは噛み含めるような親切な教えを受けたもので、国内唯一の好敵手を氏等の努力と物質的の諸援助とは我が母校蹴球部創部にあたって絶大な力を与えてくれた」と語っている。慶應の並々ならぬ熱い指導が伝わる。

三高は1912年の春休みには慶應からラグビー指導を受けに上京した。三田のとある寺院に合宿し、綱町のグラウンドに通った。4月6日に慶應2軍と試合し3対3の引き分けに終わった。三高のスコアは中村の中央突破の快走で取ったものだ。そして4月8日に慶應の1軍と対戦し39対0で慶應が勝利した。これが日本人同士の最初のラグビー試合と言われている。創部12年目にして慶應はやっと対外試合ができ、今でも京大との定期戦は続いている。

試合後、両校の懇親会は「今福」で行われた。この店、地下鉄・白金高輪駅に近く、人気のしゃぶしゃぶ、すき焼きの老舗店のことだろう。ここでウイスキーと酒で盛り上がった。三高は試合で負けたが、「酒で負かしてやる」など意気込む者もいた。帰り際、三高の部員が1名足りず調べてみたらトイレで寝ていたという。

日本初の指導書『ラグビー式フットボール』

1909（明治42）年11月、伊藤博文にちなんだ名前の出版社、博文館から25銭で発行した初めてのラグビー教科書である。慶應義塾体育会理事の田中萃一郎は冒頭、ウエリントン公がイートン校に学生蹴球の試合を観て、「是ある哉、ワーテルローの戦勝の偶然にあらざることや」と叫んだことを取り上げ、英国教育の神髄をパブリックスクールのグラウンド、イートン校のラグビー試合において定められたと評している。そして「慶應蹴球部が創部されたのは体力強健をめざし、ラグビーを日本に普及すること」は急務だと説く。

『ラグビー式フットボール』
慶應義塾蹴球部編

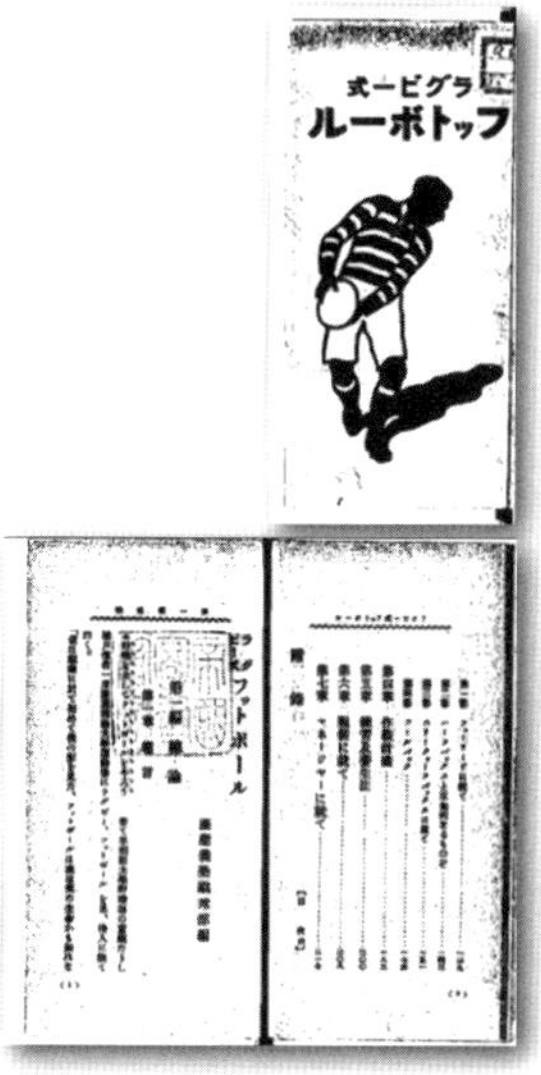

「ワーテルローの戦い……」という引用文であるが、ウエリントン公アーサー・ウェルズリー（1769〜1852）が1825年頃母校であるイートン校でクリケットの観戦中に「ワーテルローの戦勝はイートン校の教育に原因する」、あるいは「勝利はイートンから生まれた」と言ったなどの諸説があり、またスポーツもクリケットの他、フットボールのルール未分化の時なのにサッカー、ラグビーに置き換わっている。

いずれにせよ、ナポレオンを破った一因はスポーツで培われた体力と精神力の賜物だと伝えたかったようだ。

本書の内容はラグビーの歴史、学生運動としてのラグビー、規則・用語、審判だけでなく、技術の研究まで解説している。その他、審判、キャプテン、競技者の特質、作戦計画、練習法まで説明し、ご丁寧にも服装やマネージャーまで200頁以上にまたがる。例えば、競技における唯一の審判者の選定には特に注意すべきだと解説している。

1899年の創部以来、試合相手を求めてわかりやい手引書を制作した慶應蹴球部員の熱意には驚かされる。実際、この本を持参して部員は知り合いを頼りにラグビーの魅力を伝え、チームづくりをお願いして廻った。

香山蕃、初めてラグビーと出会う

1912（明治45）年1月10日、慶應が上洛し、第2回三高定期戦の試合を観たのが京都一中4年生だった香山蕃である。後に香山は東大に学び、ラグビー部を創設した。そして1955年（昭和30）第三代日本ラグビー協会会長に就任し、日本ラグビー界の発展に業績を遺した重鎮である。

「その妙な格好をした球の試合を実際に見て、初めてラグビーフットボールが非常に愉快なものであることを知り、少なくとも自分の心身をぶち込む運動競技こそこれだと思った」。これが香山とラグビーとの運命の出会いである。そして在学校でのラグビー部の結成を急いだ。京都一中の初の対外試合は対同志社普通部、0対23と敗戦したが、主将は香山が務め、チームメイトの谷村敬介と竹上四郎は香山と同じ創部の発起人である。後に香山は東大ラグビー部を、谷村は京大ラグビー部を創部し、竹上はトップレフェリーとなった。

三高に進学した香山は1919（大正8）年主将を務め、対同志社戦のラフプレーをきっかけに3年間対戦を中止したこともあり、堂々とラグビー精神を貫いた人だ。

香山のラグビー観が発揮されるのは対戦相手から学ぶことでもある。それは、1870（明治3）年設立のKR&ACと対戦後のファンクションで外人選手宅に招待されただけでなく、日常生活の心構えなどを教えてくれたという。

おそらくスマートで規律正しい三高生だから相手チームから快く受け入れられたと思われる。この年KR&ACと5回対戦し4敗1分け、スコアできたのは引き分けた8対8の試合だけだった。

時系列で整理してみると、三高を起点に京都にラグビーが広がったのは1911年10月同志社大学、1912年には同志社普通部（現同志社高）、京都一中（現洛北高）、1915（大正4）年には京都一商（現西京高）京都三中（現山城高）にラグビー部が創部された。

特に同志社のラグビー部創部については慶應蹴球部の杉本貞一などの強い勧めもあって創部し、早速翌年2月に三高と対戦した。

袴姿のレフェリー？

京都一商から早稲田に進んだ本領信次郎（1903～1971）が大正7、8年の頃、京都一商時代に三高と練習試合をした際に三高の帽子を被って試合を裁いた袴姿のレフェリー香山蕃を紹介している。

「当時京都一商のグランドは狭くラグビーグランドの3分の1ほどの広さしかないために三高や同志社相手に練習をしていた。国産のボールしか買えず、何回も修理しながら使用していた。ところが三高に行けば舶来ボールを蹴れるので密かな楽しみであった。時には練習試合で三高に勝ったこともあったという」と語る（『アサヒスポーツ』1937年1月号）。

その時の写真、たまたまグラウンドを訪れた時、練習マッチをすることになり、レフェリーとして袴のままグラウンドに立ったと解釈すべきか。スクラムを組んでいる時の写真のようだ。ナンバーエイトらしき選手がスクラムに参加せずに立っているのは珍妙な光景である。

袴のレフェリー左端『アサヒスポーツ』1937年1月

大阪毎日新聞社主催、日本蹴球大会が国内ラグビー普及を加速

『アサヒスポーツ』によれば、日本蹴球大会を主催するきっかけは、関西ラグビー界のリーダー杉本貞一や三

高、同志社ＯＢたちが大阪毎日新聞社（以下大毎）に勤める同志社ＯＢ鈴木三郎らと相談して、奥村信太郎社長に直訴したというが、奥村が社長になったのは1936（昭和11）年なのでこの当時は社会部長ではなかったか。

　1917（大正6）年12月の暮れに大毎は蹴球（この当時、大毎は「フートボール」と称していた）の普及・発展に向けた社告を出した。「フートボールの技は今やようやくわが運動界にその頭をもたげんとしつつあり、しかれどもフートボールをポピュライズし、かつこれに対する感興を高調せしめんがためにはなお一段の努力を要す。本社がここに日本フートボール優勝大会を主催せんとする、即ちこの要請せられたる努力の一端たらんとするに外ならず」（原文のまま）という声明である。これは、大毎がラグビーとサッカーの大会を主催することがフットボールを普及させる大きなミッションでもあった。大毎の支援なくしては全国規模の大会実施は難しく、またラグビーを楽しむ青少年の目標も生まれなかっただろう。

　早速、翌年の1月12、13日に大阪豊中運動場において第1回日本蹴球大会としてラグビーとサッカーの二つの大会を主催した。当時の学生チームは関東では慶應だけ、その他は関西の三高、同志社大、同志社中、京都一中、京都一商しかなく、大会には全慶應、三高、全同志社、京都一商が参加した。結局、全慶應は棄権、全同志社が京都一商を31対0で破り優勝した。

　ところで初めての全国大会、慌てて参加校が採用しているルールを調整して統一ルールを策定し、細部のルールは審判員の協議で決定することにした。トライ3点、ゴール（トライとゴール）5点、ＰＧとＤＧは3点とした。同志社は7トライ、2ゴールを記録したが、大学生が多数を占める全同志社に中学生の京都一商は勝てる

「第1回大会開催の社告」
（『大阪毎日新聞』）

はずがないミスマッチだった。京都一商の選手は「中学生の純血のチームとして事実上の優勝を果たした」と胸を張った。

1919（大正8）年度の第3回目の大会から中学の部、大学・高専の部に分かれ、1925年度の第9回からは全国中等学校蹴球大会となり、現在の全国高校大会となるのは1948（昭和23）年度の第28回大会からで、今でも毎日新聞社主催で行われている。また大学・高専の部は1925年度から第1回全国高等専門学校ラグビー蹴球大会となった。

日本ラグビー協会（JRFU）が発足したのが1926（昭和元）年11月、名誉会長に田中銀之助が選出され、副会長に後に会長となる高木喜寛、理事長に田邊九万三、杉本貞一が就いた。そこで試合形式が見直され、「東の慶應、西の京大」と両雄しのぎを削る戦いを繰り広げてきたが、1927年度の東西大学勝者が全国制覇をする大会を開催し、初代チャンピオンは京大となった。その後、京大は1941年度のシーズンに関西大学対抗戦を制覇したこともあったが、以来同志社など他校の後塵を拝している。

早稲田ラグビーの創部

関西から聞こえてきたラグビー普及の声は早稲田の杜にも届いてきた。1918（大正7）年に創部をしたが順調とはいかず、慶應からコーチを求め、またに古いボールを譲り受けるなど世話になり、お礼に果物籠を届けに行った話もある。

1901（明治34）年に野球部を創部した安部磯雄は、「スポーツは野球以外にはない」と自説を持ち、すんなりとラグビー部の体育会加入に首を縦に振ってくれず、加盟できたのはその年の11月だった。グラウンドは野球部にお願いして12月から3か月借用できた。

ところが1918年から2年に亘るウイルスによるパンデミックが起こった。いわゆる「スペイン風邪」である。当時の全世界で約6億人が感染し、そのうち2千万から4千万人以上が死亡したという。日本国内では約2千4百万人が感染し、約39万人（当時の人口比率では0・6％）が亡くなる猛威が襲った（『「スペイン風邪」大流行の記録』）。

日本ではインフルエンザ（流行性感冒）とも言われ、

三高の香山蕃もこれに罹り高熱を出し、早稲田対三高戦の直前に順天堂病院に入院した。当時、マスクの着用が普及したのは「悪い風が体に入るから感染する」という理由からだが、なんと当初マスクの価格はかけそば6杯分（約2千円）相当だったそうだ。

このようなリスクの高い感染下の東京にも拘らず、京都から東上した三高は1919年1月6日慶應と戦い、翌日7日に戸塚球場で早稲田と戦った。この試合は三高の主将谷村敬介と早稲田の名和野秀雄（フッカー）が京都市内の小学校の同級生の縁からだ。試合は30分ハーフでキックオフされ、15対0で三高勝利に終わったが、雪解けのひどいグラウンドで早稲田は負けたと言え善戦だったという。

後日談だが、レフェリーは早稲田の無残な負け方を避けるために後半の時間を短くしたそうだ。早稲田のプレーヤーは善戦と思い込み、次試合へのモチベーションへ繋がったと想像する。配慮（？）あるレフェリングをしたのは塩川潤一（慶應OB）である。

第1回早慶ラグビーと観戦の規律

早稲田が試合でトライを取れるまで足掛け4年も要した。1922（大正11）年3月、対AJRA（クラブチーム）戦の試合は18―3で敗れたが、ハーフの石沢が早稲田初トライを挙げた記録がある。1トライは3点の時代だ。

当然ラグビーでも雌雄を決したい早慶両校だが、野球の早慶戦が過熱した応援によって1906（明治39）年11月の早慶野球第2戦を最後に全スポーツの早慶対決は中止されていた。そこで早慶ラグビーを実施するあたり、慶應義塾体育会理事の板倉卓造（慶應義塾大学法学部教授）に相談することになった。

板倉は早慶戦問題を時の問題だと考えて、当時関東ラグビー協会の前身であるAJRA（会長田中銀之助）が責任を持つことを条件に三田綱町の慶應グラウンドでキックオフの了解を得た。その上、試合前に田中銀之助の招待で築地の「同氣俱楽部」に両選手を招き、共に食事をして自己紹介するなど懇親に努めたのは、ラグビーが荒っぽいスポーツで何が起きるか不安だったようだ。

第一回早慶戦記事と両校選手　提供：日本ラグビーミュージアム

そして初の早慶ラグビーは1922（大正11）年11月23日に開催された。今でも早慶ラグビーは毎年この日にキックオフされ、2023年の早慶ラグビーは100回目を迎えることになる。中央気象台開設以来の過去数10年の記録から雨のない日を選んで試合日を決定した話は有名だ。

当日の観戦に際しては、「拍手以外の応援が厳禁」、「学生は制服制帽」、「和服の者は袴をはくこと」、「キックオフ以降は入場できないこと」を定めた。キックオフに間に合わなかった田中銀之助は入場できず、会長であることを証明してやっと入場できた。

銀之助は「あれでいいんだ」と警備方針の遵守に満足だったという。試合はレフェリー香山蕃によってキックオフ、慶應が14対0で完勝したが、4トライに抑えた早稲田の善戦ともいえる。

翌年の第2回早慶ラグビーの過熱ぶりの様子を『アサヒスポーツ』（1923年12月号）から要約して伝えたい。「午後2時限り入場謝絶というのでファンは朝から早稲田戸塚のグラウンドに詰めかけた。外は恐ろしい人の波で4列に並んだ見物の縦隊が500m以上も続く盛況、正2時に門が閉ざされた。入りきれない数百の観衆と場内整理との間に『入れろ』、『駄目だ』の小競り合い。塀や木にぶら下がった観衆を含めて3万人、戸塚始まって以来の大繁盛」というラグビーファンの熱狂ぶりだった。

当時の慶應塾長である林毅陸は試合後の懇親会で、模範的な静寂裡に問題なく終了したことに感銘を受け、早慶禁止の時代であるのを超越してラグビー早慶戦に賛辞を呈し、「両校がこのように正々堂々と試合をされたことは誠に愉快である」と挨拶をした（『アサヒスポーツ』同月号）。

早慶ラグビーで早稲田が初めてトライを得たのは早大球場での4回戦で1925年のことだ。後半見事なバックス攻撃でゴールポスト下に三浦選手が初トライ、だが3対8で惜敗した。初トライまで3年を要したことになる。記事によると「今シーズンに入って堂々終始オープン・ゲームを続けて、見事なバックスのパスに慶應の防御線を突破してトライを獲得したことは不撓不屈の研究による賜物であった」（『アサヒスポーツ』11月号）と報じ、同志社普通部や京都一商から新戦力加入とプレーの研究がやっと実ったようだ。

一方早慶野球が19年ぶりに復活したのは1925年だった。ラグビーを見習って安部磯雄は早慶戦復活が野球発展への意義あること、また規律ある応援マナーを試合前に観客に求めてプレーボールをした。ラグビーで可能な応援が、なぜ野球ではできないのかを訴えたのだろう。早慶野球の復活の裏には早慶ラグビーの観客が示した規律が支えたことになる。

早慶戦初勝利の早稲田、29年間無敗の慶應に終止符

早稲田が初めて8対6で慶應を破ったのは1927（昭和2）年、同時に慶應の国内チーム無敗（36勝5分）の記録も創部29年目にしてストップした。この年の7月に早稲田は豪州に遠征し5戦5敗完敗のツアーだった。だが遠征から学んだものはチームの大きな財産となった。

翌日の時事新報が報じた厳しい評価を要約すれば、「早慶戦で豪州遠征の収穫を期待したが、FWの得た球をHBがTBにパスしてトライした。従来と変わらない」という。豪州遠征帰りの早稲田を観に来たファンの期待を裏切る試合内容のようだ。

一方戦術面においては「フォローアップが迅速で、一度オープンに回ればBKもFWも区別なくボールは常にオープンに流れて止まらない」と評価した。

ところで豪州遠征にキャプテンを務めた本領は遠征疲れのためにこの早慶戦には残念にも不出場だった。全優の成績で卒業した本領は毎日新聞に入社が決定したが大学院に進み、後に国会議員として政治の世界でも活躍した。

しかしこのシーズン、早稲田はピリッとせず調子が上がらない。1927年度第1回大学東西王座決定戦（現大学選手権、昭和39年まで東西対決が続いた）では京大が東大、慶應を退け、決勝で早稲田は京大のエイトFWに苦しめられ、結局京大は14対11の辛勝ながら初代大学チャンピオンを飾った。

では慶應はどうだったのか。このシーズンに入って慶應は立教には44対0で勝ったものの、対明治戦は3対3のドローに終わった。明治のWTB選手のハンドリングミスがなければ負けていた試合だった。ところで慶應が29年間の無敗中の時、最もきわどかった試合は1924（大正13）年の対同志戦だった。0対0のままフルタイム寸前、同志社のPG失敗で無敗を続けられた。

早稲田戦では試合前から相当プレッシャーを感じていたという慶應のエース萩原丈夫（後に前川）は試合後こう語る。「初めての敗戦だ。遂に不敗の歴史を汚してしまった。（中略）控室に引き揚げても先輩も部員も誰一人声を出す者がいなかった。永いラグビー生活のうちでもこの敗戦ほど忘れえぬ思い出はない」（『慶応蹴球部60年史』）。この試合で早稲田の勝利を喜んだのは慶應の先輩達だったという。後輩にこれ以上のプレッシャーをかけたくない思いがあったのだろう。

ところで両校にとって早慶戦は特別な試合だ。慶應は早稲田だけには、早稲田は慶應だけには負けたくない。だからラグビーファンにとっても早慶ラグビーは格別で、入場に長蛇の列は古くからある見慣れた光景となった。そして観戦入場料を徴収するようになったのは第3回早慶戦からで、それまではラグビーはまさにアマチュアスポーツの神髄だった。徴収に至るまで大論争があったが、タックルマシンが欲しかった早稲田は徴収に賛成で背に腹は替えられなかった。

1908年、日本代表が上海FCと初の国際マッチ？

横浜フットボールクラブ設立の翌年、1867年設立の上海フットボールクラブは今では150年以上の歴史のある名門ラグビークラブである。下部写真のキャプションだけを読むと日本代表が1908（明治41）年12月25日、神戸で上海クラブと初の国際試合を戦ったように読み取れるが、実はチーム構成された「All Japan」は神戸（KR&AC）と横浜（YC&AC）から選抜された外国人プレーヤーで神戸から5名、横浜から9名だった。写真を見ても14名のプレーヤーのようだ。

結局、試合は前半13対3、後半0対5の接戦となり、「全日本」は3トライを挙げ、後半逃げ切っての勝利である。このチーム名"All Japan"での試合はこの時だけだった。

出展：『IT'S A ROUGH GAME BUT GOOD SPORT』(Simon Drakeford)

"All Japan" vs Shanghai
Interport fixture between the teams, played in Kobe, Japan on 25 December 1908
"All Japan" won by 13 – 8

"All Japan" と戦った上海クラブのフィフティーン

レフェリーのスペンス

神戸の頑固レフェリー、慶應選手に蹴られた

この当時、関西の試合には必ずレフェリーとして登場するリファース・スペンスを紹介しなければならない。来日の経緯は不明だが、スペンスは神戸にある有名商社コーンズ商会の支配人を務めたこともあった。

YC&AC対KR&ACのインターポートマッチは1907（明治40）年から始まり、神戸で開催の時はスペンスがレフェリーを担当した。その他1911年頃から三高対KR&AC、同志社対KR&AC、慶應対同志社、慶應対KR&AC、京大対KR&ACなどほとんど彼が笛を吹いている。

スペンスは1927（昭和2）年帰国に際し、日本チームについて「日本人プレーヤーはまずは服装を揃えることから始まり、続いてルールの説明になる。コーチがいないので試合に慣れずに反則を繰り返すことになるが、それを大目に見るとプレーの進歩に影響を与えるので遠慮なく反則をとった。だから頑固親父と言われる。厳格にレフェリングをしたことが関西ラグビー発展に大いに寄与したと思う。1917（大正6）年頃に慶應が京都に遠征した時、その時は無茶苦茶を通り越してフィールドの真ん中で柔道を始めた。その結果、両チームに負傷者が出たが、ハーフタイム後も益々猛烈な肉弾戦をやったことに驚いた」とラグビーではなく喧嘩試合になった思い出を語る。

またこんなエピソードも語っている。「審判が厳しすぎると見た慶應の一選手は後ろから走ってきて、私の右足をいやという程蹴り飛ばしていった。長い間のレフェリー生活に、私が傷ついたのはその時が初めてであった」という文字通り痛い想い出だ。当該選手は一発退場になっただろう。

最後にチームについてのアドヴァイスを求めると、「良いコーチと良いキャプテンを置くことだけだ」と語り、エンブレス・オブ・ロシア号で英国本国に帰った。スペンスはチームの規律づくりは「コーチとキャプテンの果たす役割」だと言いたかったのだろう（『アサヒスポーツ』1927年5月）。

1925年慶應義塾、日本ラグビー初の海外遠征

慶應義塾蹴球部員を乗せて神戸を出港した上海丸は、1925（大正14）年12月25日上海に着いた。その1ヶ月前のこと、上海クラブは例年の対香港クラブとのインターポートマッチをクリスマスゲームとして、慶應に参加を求め、三つ巴のゲームを行うことになった。日本ラグビー史上初の記念すべき海外遠征となった。ゲーム日程は12月26日対上海、28日対香港となった。

試合の日は朝から外出禁止となり、緊張感に包まれながらダマロー競技場に向かった。クラブハウスの前にあるスタンドには早くから観衆が詰めかけた。レフェリーはオルムストン、タッチジャッジは慶應コーチの増田鉱太郎とバーレットが務め、慶應のキックオフで始まった。慶應は得意の7人FWで対抗し、体格差では及ばない弱点をカバーした。スクラムはしっかり低く組み、押されることはなかった。前半の慶應は2トライ、1PGの9点、一方上海は1ゴール、1PGの8点、わずか1点差で後半に入った。一進一退の攻防が続いたが、27分に上海にトライを決められ9対13と逆転された。後半の慶應は1PGを決めただけで、結局12対13で敗れた。トライ後のゴールキックが決まっていたら勝てたが、慶應得意のFWセブンシステムの技量を証明することはできたと思われる。そして、「慶應ラガーマンは立派なプレーをして気持ちが良いゲームだった」と地元紙は報じた。

タッチジャッジを務めた増田は今回の遠征を振り返って「国際試合と聞いた時、我々はもはや勝負より高尚な、立派なスポーツマン・シップを示さんことを第一義とした。（中略）予期したごとく相手はラグビースピリットに育まれたチームだけあって私の未だ見ざるファインプレーをなし、その紳士的態度に感激せざるを得なかった」と語り、本場英国ラガーメンのプレーに感動した様子が伝わる。

今後の日本のラグビーについて増田は「体格上の相違を有効に利用した対策を講ずべきである。偉大なる体幹、敏速なランニング、大きな高いキックとパス、しかも確実にして早い。それに対して我々は直ちに対抗すること

は無理である。将来日本人チームが世界のひのき舞台に立った時、そこには実に日本人の個性を最善に利用した独特のジャパン・システムの完璧に達した暁であることを断言する」（『アサヒスポーツ』1926年2月）と語り、この時から世界相手の戦い方を予測していた。2試合目の対香港戦には8対3で勝利し1勝1敗で遠征を終えた。

1927年早稲田の豪州遠征、5戦全敗から学んだものは

明治期以降、早稲田で海外遠征したスポーツチームは野球部だけである。1905（明治38）年4月に米国西海岸を中心に3ケ月に亘って遠征した。それは「日本の野球の父」安倍磯雄が早稲田の野球部員に「一高や慶應などの強豪チームに勝ったら諸君たちをアメリカに連れていくことを約束する」と言ったからだ。

事実、1904年、早稲田は本当に国内強豪チームに全勝してしまった。当時日露戦時中のなか、大学理事会は当然反対の意向を示したが、安部の熱意に大隈重信総長は折れて承認した。その結果、橋戸主将以下13名で約3か月間に26試合を戦い、7勝19敗の成績で帰国した。ほぼ3日に1試合、13名でよく戦い抜いたものだ。

それに刺激されたのか、1927（昭和2）年の春、創部9年の早稲田ラグビー部が豪州に遠征することを計画したのは慶應に勝つためだった。チームキャプテン本領信治郎（京都一商卒）は、日本の夏が相手国の冬でラグビーシーズンとなることから可能性があると考えたからだ。だが面白いことに、チームメイトの中には豪州が地球のどこに位置しているか即時に返答できない者もいたそうだ。

大正から昭和に替わる前のシーズ

豪州遠征の早稲田　提供：日本ラグビーデジタルミュージアム

ン、早稲田は慶應と8対8で悔しい引き分けだったが、記録によればその他5試合（法政大、東京商大、東京大、立教大、明治大）に全勝している。来シーズンは慶應に勝つことが目標であることは間違いない。

当初資金調達を大阪毎日新聞に勤務する先輩の中村元一に遠征資金1万円（今なら2千万円相当か？）を目論み、本領は大阪まで頼みに出かけたが、中村から大学に貸し付けることが条件と言われ、逆にお断りした。しかし、相手国との窓口（電報連絡）は大毎にお願いすることができ、外国チームが来日した時のお世話の約束を取り付けた。ちなみに中村は現役の時、気象庁のデータを調べて早慶ラグビーを11月23日と決めた男である。

日本郵船の破格の運賃で豪州へ

遠征に参加する部員には1名400円の参加費が重くのしかかる。だれでも簡単に用意できるお金ではなかった。特に往復客船費用については本領が日本郵船の担当者と粘り強く交渉し半額になったのは大きかった。その担当者は早稲田出身の中野五郎、後輩の要望を聞き入れて、当時シドニー往復料金を半額してくれた。後にこの割引措置が社内で問題になり中野はクビになりそうだったという。

その後中野は東京都調布市飛田給にある社員運動施設の計画を任され、1942（昭和17）年に野球場、テニスコートなど2万坪敷地に完成した。戦後は進駐軍の施設に姿を変えたが、後に有志による社員の福利厚生施設を守った情熱の顕彰碑を建立した（日本郵船歴史博物館「航跡」）。

遠征に際し、各大学、先輩、東西協会支部など多くの方から支援を頂いた。なかでも先輩の人脈で紹介された豊島園の大地主で、製糸会社役員を務める藤田好三郎から5千円を頂いた。

問題はだれを監督にすべきかである。先輩の木村文一にお願いしたが、軍隊から戻って釜石鉱山に就職したばかりで直ぐにいい返事はもらえず、日参してやっと内諾を得た。

団長の喜多壯一郎は早稲田大学を卒業した後、米国プリンストン大学などに留学し、早稲田で「新聞研究講座」

を担当していた。当時、帰国したばかりだったので団長への要請を断っていたが、本領などが自宅まで押しかけて説得し、団長になっていただいた経緯もある。

喜多は早稲田大教授から1936年に衆議院議員に転じ、議員在職中は「国防国家体制の一役を担う心身の鍛錬の実践がスポーツだ」と説いた。

遠征に際し、慶應主催の壮行会に招待され、また神戸に向かう東京駅プラットフォームで盛大な見送りもあり、列車の客席は頂いた果物籠で埋まったという。ライバル校から嬉しい申し出だった。

長崎に到着、長崎高商のグラウンドで2時間に及ぶ練習でたっぷり汗をかいた。乗船した約6千トンの客船〝安芸丸〟は1927（昭和2）年7月13日長崎を出港し、一等船室の客になったとはいえ激しい船酔いに多くの部員は大いに悩まされた。

香港に着き、ハッピーバレーのグラウンドで練習もできた。現地校友会の歓迎会もあり、また日本式の旅館の風呂に入ってくつろいだ。1925年に慶應が勝った全香港との試合は帰路に予定することになった。しかし、マニラから安芸丸に無電が入ってきた。次の寄港地マニラで現地のノーマッズ・スポーティング・クラブと一戦することになった。

現在ではノーマッズFCと呼ばれる名門フットボールクラブの前身だったのだろうか。1914年スコットランド人J・W・ケアンズの創設のクラブなのでラグビーも盛んだと思われる。航海中の腕試しのつもりで臨んだが雨季で水田のようなグラウンドも影響し6対0で負けた。ゲーム後、相手選手から「もっとストレイトに走れ！」とアドヴァイスを受け、そういえば相手から逃げるコースを走りがちだったので納得したという。

このチームとは豪州遠征を終えて、日本への帰路に再度マニラに寄港し再戦した。選手は皆疲れていたが豪州遠征の成果を発揮して6対3で雪辱した。

船が豪州大陸のブリズベンに着くと、ニューサウスウェールズ協会のマーチンが迎えに来た。早速ゲームスケジュールを組み、第1戦はニューサウスウェールズ州選抜よりもメルボルンで格下であるヴィクトリア州選抜と戦った方が良いとアドヴァイスを得た。さらに宿舎の世話だけでなく、ありがたいことに試合ごとの入場料収入の90％を提供してくれると言う。ぎりぎりの予算下での遠征、この申し出は大歓迎だった。そして一行はメルボルンに列車で向かった。

早稲田、初めての40分ハーフ

8月14日メルボルンでの第1戦ヴィクトリア州選抜、19対59と完敗だった。遠征記（『アサヒスポーツ』1927年10月）のなかでラグビー部員の中島章は「遠征というハンデキャップを除いても、実力の差は如何ともする能はずして敗戦は当然でしょうが、私どもは実に尊き数々の教えをこのゲームに獲たことを喜びます」（原文のまま）と書いている。負けたが実り多い豪州上陸の初戦だったと謙虚に反省している。

このゲーム、信じられないが前後半40分の戦いは日本では未経験だった。後半残り20分までは19対32だったが、それ以降は一気に5ゴールを決められ圧倒された。その上、4選手も痙攣を起こしたのが痛かった。マーチンの話ではヴィクトリアのほうが弱そうだと言っていたが、直近の国内試合でヴィクトリアがニューサウスウエールズに負けただけのことで手ごわい相手には変わりはなかった。

その後、第2戦16日対シドニー・メルボル大学連合12対35、第3戦20日対ニューサウスウエールズ（NSW）は3千人の観衆の前に自由自在にグランドを駆け抜けられ、トライを許した。40数回のスクラムのうち、最初のスクラムのボールは取れたが、それ以外のスクラムでは全く取れなかった。

だが地元紙記者は3・2・2スクラムを見て「こんな素晴らしいヒールアウトを見たことがない」と絶賛した。だが、この試合タックルは決まらず、ラインアウトではボールを取れず一方的な6対31のゲームだったが、1トライを挙げた早稲田に声援が贈られた。

第4戦、24日対メトロポリタン・クラブ23対33、最終戦の対シドニー大学3対17と完封ではなかったことが救われたが、結果は全敗だった。なかでも惜しかったゲームはメトロポリタン・クラブ戦である。60分まで23対22の1点リードしていたが残り20分のスタミナが切れ2トライを加点されて負けた。遠征前に知っていたら40分ハーフの練習試合をしただろう。

早稲田の規律と品格が初のテストマッチへ

慣れぬ気候と抜けない船旅疲れ、そしてゲーム以外に歓迎会や見学視察会などの疲労が重なっていた。接待は時には首相、市長、日本領事館、日本人会、在シドニー日本商社の支店主催の晩餐会があり、学生は制服制帽を着用し、3つの「ノー」（酒、タバコ、ダンス）を守り抜き、おもてなしを享受した。辛かった者もいただろう。この早稲田の規律正しい態度が、現地で好感を得て1930年にジャパンのカナダへの初遠征とテストマッチにつながることになる。

豪州遠征第1戦（対ビクトリア州17対57敗戦）終了時の歓迎会で喜多団長は、あいさつの中で「古来からの日本の武芸者は、その修業としてその道の達人を距離の遠近を問わず訪ね、自己の生命をかけて他流試合を行い、その技術と精神を身に着けてきた。本場のラグビーの技術とラグビー精神を身をもって習得するがために訪れた。学生たちが制服、制帽はそのためである」と述べた。堅いスピーチだが、海外からラグビー技術をどん欲に吸収する姿勢が伝わって来る。

ニューサウスウエールズ戦ではFB小舟伊助が鎖骨を折ってしまった。レフェリーは面倒見の良いマーチンだ。補欠を出して15人対15人の提案をしてきたが、補欠は3人しかいないので木村文一監督は申し出を断わった。ルール上、負傷交代制度はないが、ホスト側からの国際親善ゲームらしい申し出であり、親切な気配りだった。

帰路、全香港に快勝……悔しい香港、早稲田との再戦を熱望

全戦を終了し帰国への航路の途中、香港からゲーム依頼の無線電信が入ってきた。選手に聞いてみると負傷者を除いて戦力は17名だけ。それだけでなく寄港地マニラでのゲームの後であり、疲れも蓄積し、やりたくないと言う。

だが引率の喜多壮一郎教授は香港戦を現地邦人のためにも何とか実現してほしいと懇願し、結局渋々受け入れ

ることになった。9月15日、30分ハーフで入港日の午後5時からのキックオフを条件にハッピーバレーで戦った。ところがグランドに立つと早稲田ラガーメンの戦闘モードにスイッチが入った。動きも良く、豪州の成果がプレーの随所に現れた。豪州でやられたプレーを逆に香港にぶつけた。在留邦人の声援も力になり、ＦＷとＢＫの連携も良く21対6の快勝だった。

在留邦人の方々にも喜んでもらえた早稲田の勝利だったが、一方英国軍人を中心に構成されていた全香港は、自国生まれのスポーツに屈辱の敗戦を喫し、また2年前慶應に3対8で負けたこともあり、悔しくてたまらない。祝宴の最中に「明日、もう1回試合をして欲しい」と言ってきた。さらに信じられないが、「別の船便と宿泊も用意する」とも言う。しかし丁重に香港の申し出を断った。10月から始まるシーズン前の香港チーム、敗因は練習不足だったかもしれない。でも負けたことが相当悔しかったのだろう。

海外から学んだプレーと豊島園での帰朝試合

ところで早稲田の学んだものは何か。前出の中島は日本のラグビーと比較してこう言っている。「日本におけるラグビープレーはある一種の型にとらわれているような傾向があるのでは。ＦＷとＢＫとの間のプレーに、少なくとも異なった行き方を示してはいないでしょうか。ＣＴＢの攻撃戦にＦＷがいち早く加わることができれば攻撃力は大となり、効果が上がることは間違いないでしょう。（中略）80分の試合に終始一貫オープンへ、またオープンへと攻撃を続けて自由に型にとらわれないプレーを続けていくことができるのは脚力です」。

また中島は25ヤード（現22Ｍ）の内と外からタッチにダイレクトに蹴りだした時のルールの違い、3ボールシステム（ボールを3個用意してタッチになった場合、トライ後のゴールキックでデッドボールラインをボールが割った場合などボールを拾いに行く時間の短縮を図る）によるスピーディーなゲームの展開など日本は取り組むべき課題を指摘した。今では当たり前のルールだが、豪州では１００年近く前から採用されていたとは知らなかった。

さて帰国後、帰朝試合が行われ早稲田は全関東ＯＢと豊島園で対戦した。先ごろ94年の歴史に幕を閉じた豊島園にラグビーグラウンドがあったとは。レフェリーを務めた香山蕃は、以前から英国流のスピードあるプレーを提唱していたので、この試合を見て「これだ！」と叫んだ。試合は早稲田が59対0と完勝し、堂々と豪州遠征の成果を発揮した。英国のラグビー事情に詳しい香山は、ワイドなスペースを使う継続的な攻撃ラグビーがなぜ日本で見られないのかを熱く語っていた人だ。

関西ラグビー協会の奥村竹之助は『アサヒスポーツ』（1928年3月）で早稲田についてこう語る。「送別試合を観たが、これでは豪州まで行って何も期待することもできないと思っていた。ラグビーの本物を見たこともなく、書物とわずかな在留英人を通じて学び得たにすぎない我が国のチームが遠征のハンデキャップを持ちながら、豪州の大学チームからトライをスコアしたことは大いに我々極東健児のために気を吐いたものと言わねばならない」と。早稲田の健闘が日本ラグビー躍進への期待を膨らませていた。

フィジカル中心の外国チームと違って、コンタクトやキックを避けてスピードと素早いハンドリングプレーをめざす日本ラグビーのスタイルもここが出発点のようだ。この年の第6回早慶戦（レフェリーは奥村）では早稲田は初勝利を果たし、しかも慶應29年間不敗にも終止符を打った。

40分ハーフの試合はいつから

これまでは国際試合を除いて国内では35分ハーフを実施していたが、記録によれば1936（昭和11）年の慶應対明治戦から40分となった。その年早稲田対明治戦では早稲田は35分、明治は40分を主張し、お互い譲らなかったが当該試合のレフェリー塩谷虎彦の判断で40分としたという。結局グローバルスタンダードに合わせたが、両キャプテンの主張をレフェリーの判断で試合時間を決めたやり方は、ラグビーらしい話といえる。

今でもルール上は「試合主催者が決定しない場合は、両チームにて試合の長さについて同意する。同意に至ることができない場合は、レフェリーが決定する」（2020年版第5条3）と明記されているから時間のマネジメントだけでなく長さの裁定もレフェリー権限である。

早稲田にやって来た外国人コーチ

豪州滞在中、団長として引率した喜多は豪州関係者からオックスフォード大学でプレーし、卒業後豪州の各地でコーチをしていたジョージ・ケージャー（当時28歳）を紹介された。この縁でケージャーは1930（昭和5）年2月早稲田コーチとして来日した。

彼は日本で盛況なラグビー人気を見て、「ラグビーが日本人の体格や好みに適していることがわかる。良いことには日本には英国のラグビー精神とよく似た武士道の哲学を背後に持っている。（中略）この日本人に我が国のラグビーが迎えられるのは当然である」と講演会で語っている。

またタックル後の処置、CTBとFWの動きなどをプレーヤーに説明した。そして極めつけは、「ラグビーはチームの試合であって個人のゲームではない、連合の力、結合の力の偉大さを表す」と説く。豪州遠征の土産の一つが外国人によるコーチング輸入という形になった（『アサヒスポーツ』1930年4月）。

1927年、明治の上海遠征

1927（昭和2）年12月24日、クリスマスに明治は上海に遠征したが、相手チーム、ゴールドマンの活躍で9トライを取られ8対36で大敗し、米軍にも2点差の惜敗だった。1936（昭和11）年12月に再度上海遠征を試み、27対6で米国海軍を破った。この試合、ポログランドで2千500名の観衆を集め、他のどのクリスマス・イベントよりも盛況だった。

試合はスリリングな展開で明治が前半2トライ、後半は相手に2トライを献上しゴールも決まり9対10と逆転されたが、粘る明治は2トライを加点し、12対10で勝利した。2日後のリターンマッチでも11対8で勝利し、試合後、メトロポールホテルで開催されたパーティーでは明治は得意の持ち歌で大合唱し楽しんだという。

人気スポーツは野球とラグビーの時代へ

今に至るジャパンのことを振り返るならば、戦前の外国チームとの対戦からオールブラックスジュニアの勝利とウエールズ、イングランド戦の惜敗を中心にいくつかのテストマッチを紹介しなければならない。

たどってみれば、戦前の日本の人気スポーツは野球と

明治チームと試合後のディナーメニュー
『IT'S A ROUGH GAME BUT GOOD SPORT』
(Simon Drakeford)

戦前の神宮競技場　大観衆の大学ラグビー

ラグビーだった。ラグビーに限れば1試合の集客は1万や2万人は当たり前の時代である。1922（大正11）年第1回早慶ラグビーから始まり、1927（昭和2）年大学日本一決定の東西対抗戦（初代王者は京大）など見ごたえある試合を楽しませてくれた。

振り返ってみると、1930（昭和5）年、日本代表は初のテストマッチをカナダ・ブリテッシュコロンビア州代表と対戦、1934年には豪州学生選抜の来日（7戦のうちジャパンとは1勝1敗、慶應と明治は勝利したが、関西代表、早稲田、同志社は共に負けた）、1935年にはニュージーランド（以下NZと略す）大学選抜（6勝1分）が来日した。日本チームは敗戦から多くのこと学び成長してきた。

戦後、本場イングランドのチームと初めて対戦したのは1952年に来日したオックスフォード大（7戦全勝）、その後イングランドに所属するチームに日本勢は28連敗、それに終止符を打ったのは23年後の1975（昭和50）年、対ケンブリッジ大戦（16対13）だった。この試合、国立競技場に3万5千のラグビーファンが詰めかけた。

ラグビーブームは地方にも波及し、この年の3月初旬から始まったカンタベリー大学戦を含めた10試合で16万人を集客した。収入7千万円は日本協会の懐を大いに温かくした。そこで昭和の初めから主なジャパンの戦跡を紹介すると、その戦い振りからRWC2019の活躍が読み取れそうだ。そこでジャパンの成長ぶりをいくつか紹介したい。

1934年、豪州学生選抜に勝った学生〝ジャパン〟

1932（昭和7）年に来日したカナダ代表に2勝した後、豪州学生選抜が来日したのは1934年1月だった。JRFUが当初シドニー大学の招待を考えたが、豪州側の意向で豪州学生選抜に変更になった。

マーチン監督は来日に際し「武士道今なお現存せる地、母国英国に対して優越せる礼節と伝統的の友誼を持つ貴国においては他のいずれの国におけるよりもプレーすることができると信じます」とラグビー精神を武士道と重ねて気合を込めたメッセージを送っていた。さらに7年前に見た早稲田の豪州遠征、実に紳士的なスポーツマンの技量に負けないよう日本でプレーできることを誓っている。

1934年1月24日、早稲田が豪州滞在中に世話になったニューサウスウエールズ協会のマーチンが監督として学生21名と共に日本郵船「北野丸」で長崎港に着いた。7戦を戦い、この内テストマッチ2戦を1勝1敗とした。残りゲームの相手は関西代表、慶應、明治、早稲田、同志社の大学単独チームであり慶應は16対8、明治は34対8で見事に勝利を飾った。当時のジャパンは日本学生代表で編成したチームだった。

ところで早稲田、同志社のゲームのレフェリーはマーチン自ら務めた。これは国際基準のレフェリングを見て欲しかったのだろう。試合後「自分は日本人より英語の解釈が確実だ。NZ、英国など習慣的に行っている。日本の解釈は独自のものだ」とルールの解釈の違いについて答えている。実際、マーチンの正確な判定とわかりやすいレフリングは日本側に好評だったという。

ジャパンが8対18で負けた第1戦について、早稲田豪州遠征のキャプテンを務めた本領信治郎は「日本のラグビーに基礎的なプレーから根本的に研究しなおすことが当面の急務だ」と分析し、一方マーチンは「日本の今のやり方ではいつになっても断じて英国やNZに勝つ日は来ない」と厳しいコメントを残した。

第2戦、ジャパンはFWの健闘でBKが余裕あるプレーを引き出し14対9で勝利を飾った。『アサヒスポーツ』のコメント記事によると「フィールド全体にボールを生かし、美技につぐ美技を以ってチームの特徴を生かし、ラグビーを知るも知らざるもこのグラウンドに集まった数万の観衆はノーサイドの笛が鳴るまで息詰まる思いで、その後においてもただ茫然として今見た試合の幻像を追うかの如く、しばし席を離れる者なき有様であった」と昭和初期の文体調ならではの味のある記事である。両チームの持ち味を十分に発揮したテストマッチ（No．5）だった。それにしても数万人の観衆が花園ラグビー場に詰めかけたラグビー人気には驚くばかりである。

全試合にスポーツ精神の美しさと紳士的な行為を目の前で見たマーチンは「早稲田の遠征時と比べて日本のプ

レーはその200%成長し、ハンドリングも素晴らしい。ドロップキックを多用したらどうか」と語り、2、3年後に豪州への招待を願っていた。

しかし、1941年第二次大戦からは敵対関係になり、日本とオーストラリアは東南アジア各地で戦うことになる。日本はオーストラリア本土を攻撃、特に1942年2月北部のダーウィンに最初で最大だと言われる攻撃をした。今では当地の戦争博物館ではその記録が展示されている。ラグビーを通じて、友好親善を誓い合った両国にとって不幸な結末となった。

1936年、NZ学生選抜の来日
……贈られたカップ

ニュージーランド（NZ）学生選抜チーム（以下NZ学生）が1936（昭和11）年1月23日神戸に到着した。前年12月23日にオークランドを出港し、香港で練習マッチを積み、自国のシーズンオフを感じさせない万全の準備で1か月の長旅を終え神戸に着いた。

全日本学生対NZ学生選抜　スタンドは超満員
（『アサヒスポーツ』1936年1月）

全日本学生スクラムトライ　レフェリー阿部吉蔵
（『アサヒスポーツ』1936年1月）

一行はFW、BK各12名の計24名の選手で構成され7試合を戦い、その内2試合がテストマッチだった。大阪から8時間半かけて特急〝さくら〟で上京し、4試合を明治神宮競技場でセブンFWの早慶明、日本学生と

戦った。

初戦は1月26日南甲子園運動場、NZ学生が31対3で全関西を一蹴した。この日、かつて明治神宮大会（国体の前身）を提唱した兵庫県湯沢三千男知事から記念のカップがNZ学生に贈られた。

このカップは自国へ持ち帰った後1936年からNZ南島と北島の大学選抜対抗戦に活用してきたという。日本側ではこの話を知っている人は少なく、1967（昭和42）年にNZ大学選抜チームが再来日した際に、1936年から1966年までの南北島勝者チーム名とスコアが刻まれ、手入れの行き届いた31年前のカップを見せてくれた。その返礼としてNZ学生のクラーク団長から香山蕃JRFU会長にカップが贈られたという美談がある。（JRFU機関誌1967年Vol.16/5号）

話はそれるが、インドのカルカッタ・フットボール・クラブが解散時にルピー銀貨を溶かしてカップを作り、それを英国ラグビー協会に寄贈した。以来1879（明治12）年から英国対スコットランドのテストマッチで活用されている話と似ているようだ。

NZ学生との勝負は対慶應大23対6、対明治大13対11、対早稲田大22対17、対全関西学生23対8と全て勝利し貫録を見せた。2試合のテストマッチ（No.6とNo.7）では対全日本学生16対8、最終戦が対全日本学生9対9（前半0対6、後半9対3）の大善戦で1敗1分となった。

最終戦、対全日本学生のキックオフ前に花園のグラウンドの全選手と握手したのは建川美次第四師団長で日露戦争に従軍して挺身隊長として活躍した人である。当時の人気小説『敵中横断三百里』（山中峰太郎著）のモデルにもなった。ロシア軍に潜入し、危険を遭遇しながらも奇跡の生還をする物語で1957年には映画でも上映された。一師団長が外国人選手を出迎えるとは二・二六事件が起き、政府が軍に乗っ取られるという不安定な時代を垣間見るようだ。

明治の強さを称賛、だがマナーが問題に

テストマッチ以外の試合で惜しい戦いをしたのは明治

である。明治の3トライに対してNZは1トライ、試合を決めたのは2つのドロップゴール（DG）だった。当時のことを香山蕃は「NZを迎える場合の我々の覚悟として、DGを警戒すべきことを強く述べておいたが、我々日本のラグビーマッチにDGの存在を忘れている傾向にある。（中略）これは平素より心がけておかなければならない。決して日本の選手がDGを知らないわけではないはずだが、使い慣れていないものは、その咄嗟の場合に出て来ないまでのことである」と語り、飛び道具で負けた反省の弁を語った。まさかのDGだった。

　この日本遠征でマーチン・スミスは「最強チームは明治だ」と語っている。FWのすばらしさに驚いたようで「彼らに勝つには勝ったが、本当は我々の誰もが勝つとは思ってもいなかった」と明治大の強さを褒め称えた。当時東西王座決定戦と言われ大学日本一を決する大会で1936年と1937年は早稲田大が優勝したが、1938（昭和38）年のシーズンから明治大は3連覇を飾ったのもこの僅差の敗戦から学んだことが多かったのかもしれない。

　だが一方では、香山は明治FWの発した汚い言葉に苦言を呈した。「礼儀と信義は武士道の根幹をなすもの、我々日本人は特にラグビープレヤーは日本古来の武士道に即していなければならない」と諭したという。武士道に反するような言葉をかけた選手は猛省したに違いない。

低いスクラムの強さとレフェリーの感想

　NZの選手、監督はどう日本のラグビーを評価したのだろうか。来日初戦(対全関西)についてNZのブッシュ主将は「背が低いのにあんな強力なチームとプレーしたことは我々として前代未聞なのです。だから実にやりにくかった。またスクラムもあんなに低い押しのあるのも今まで見たこともなかったのです。パスが悪かったのが今日の日本チームの敗因であるように考えられます」と語り、早速対策に取り組んだ。

　さらに「日本のラグビーは我々が期待していたものより遥かに優れている。スクラムが強いのには驚いた。一番感服させられたのはハーフの俊敏さだ。またショートキックの利用を研究すべきである。日本チームはオープンプレーを重視して、密集プレーを避けるのはどうしたことか」と試合を振り返っていた。

最後にこの遠征に帯同したNZヘラルド紙記者、イバン・バーマーは日本の選手へ夏の間はラグビー以外のスポーツを取り組むべきだと提案しながら、「日本のラグビーは素晴らしい。数年後には世界随一とまではいかないまでも私の国と同じ程度のものになるだろう。（私の愛国心を許されよ）オールブラックス対オールジャパンの試合が盛大に行われる日の近からんことを」と期待している。明日をめざすジャパンだが、対NZ代表ジュニアに歴史的勝利の快挙は、32年先のことだ。

また日本人レフェリーについては以下のようにコメントしている。「彼らは恐らく規則書を注意深く読んだ人達だろう。ラグビーには古い伝統と習慣の中に規則書に書き表せない微妙なものがある。スクラムを4、5回も組み直しは時間を空費させプレー時間を短縮し興味をそぐものだ」と。

1965年、大西監督強い〝ジャパン〟を求めて

以前から指摘されていたかもしれないが、『ラグビーの世界史』の著者トニー・コリンズは1987年第1回RWC後、日本ラグビーの低迷について「選手が限られた社会階層から集められ、また日本ラグビーはいまだに社会的な縁故の土台の上に組織されている。日本ラグビー協会（JRFU）が第一にスポーツというよりも、古いアマチュアリズムの伝統を持ち続けている」と言得て妙に指摘した。

それを打破するには、まずは幅広い階層からの選手の発掘と底辺拡大、また世界を目標にガラパゴス化を脱皮する必要もあった。古くから取組んでいた課題だが、国際試合に戦えるチームづくりは容易ではなかった。1956（昭和31）年頃、関東14大学監督会議を結成した時に、相次ぐ来日外国人チームを迎え撃つためには強化合宿の訓練が必要だ、と監督達はJRFUに要望書を提出したこともあった。

当時はJRFUには自主的教育的立場を貫く人もいたというが、技術委員会も発足し、星名泰が委員長に就

任、大西鐵之祐が監督となり本格的な強化が始まったのは1965（昭和40）年からだ。この年の7月、意外と思うが初めての日本代表候補選手の強化合宿が自衛隊朝霞駐屯地で開催し、ここに社会人40名、学生13名が招集され4泊5日の日程で実施した。

大西は監督として、外国人チームとどう戦うかの「考え方の統一」と「基礎技術の重要性」を説いた。具体的な戦術は「接近戦に持ち込み、技術と耐久力をつけて展開戦に持ち込む。これの連続で相手を混乱させる。細かいことを考えずにこの三本柱を徹底的にやることだ」と大西は語る。まさに、この3本柱が将来のジャパンが習得すべき戦術であり、そのためにはコーチ、選手が十分論議して練習し、さらに自主的に自己研鑽（自ら研究、練習、消化）することが求められることになる（JRFU機関紙1965年Vol．15／1号）。

そこで合宿ではラグビー走法などの基礎技術、チームの基本的な動きを練習したが、トッププレヤーの中には基礎的な動きに理論的な意味を理解できない選手もいたという。またバックスの選手の中に、基本的な足のインサイドとアウトサイドを使分けることができなかった選手がいたそうだ。

大西はこの合宿を振り返って言う。「コーチとプレーヤーが今までの対外国チームの対戦経験に基にして、コーチ陣が立てた戦法とそれに基づく技術に真剣に取り組んで研究したことだろう」と大きな成果に自信を得た。そして翌年3月、来日したNZポンソンビークラブ戦に勝利した日本学生のメンバーを中心に、将来性と実力を中心に選考した素晴らしいチーム編成へとつながる。

実際、NZ遠征で大活躍したWTB坂田好弘は「個人で相手をどうかわすかを磨いていた選手が揃っていた。そこに大西監督が新しいサインプレーを教えた」と語る。そのサインプレーすべてを大西は坂田に書くように命じられたが、全て書けなかったと後になって吐露している。

ところで大西の編み出した「接近、展開、連続」の理論はどこから来たのか。それは、フランスが南アに遠征し勝利した時の「風車のごとく展開して走り勝った」（JRFU機関誌前出同号）という戦法にヒントを得たそうだ。

それは1958（昭和33）年に旧英国自治領へ初めてフランスが遠征し、1896（明治29）年以来ホームで無敗を誇っていた南アに土をつけた時のことのようだ。調べてみると、フランスは2試合を戦い、第1戦3対3の引き分け、続く第2戦では9対3でフランスが勝利した。詳しいスコア内容は不明だが、フランスの得点はトライなしのPKとDGだけで、「フランスのFWが支配した試合」とトニー・コリンズは前述書の中で記している。どうやら展開して走り勝つという結果ではなさそうだ。

フランスラグビーは次から次へとフォロープレーヤーとパスが続く、いわゆる「シャンパンラグビー」と揶揄されるが、この当時、特に1955年フランスの5か国対抗での優勝について、あるフランス選手は「エリス少年自身がほとんど自分の革命は空しく終わったのではないかと疑問に思うだろう。なぜならボールを拾い上げ、それを持って走ることはたいしてなかったからだ」と同書で語る。

軽快なオープンプレーではなく強力なスクラムを起点としたFW支配のゲーム展開のフランスだった。したがって大西の言う「風車のごとく……」というイメージが湧かないが、確かに言えることは「継続」をめざすプレーであることには間違いないと思う。

1968年、オールブラックスジュニアを破った歴史的勝利……38年間でテストマッチ4勝の〝ジャパン〟が大金星

そこで強化の結果を立証したNZ遠征試合を振り返ればならない。1968（昭和43）年6月のテストマッチ25試合目、これまで1930年以来、テストマッチ4勝18敗2分（4勝の相手はカナダ2、カナダBC州1、豪州学生選抜1）と誇れるような実績は皆無のジャパン、38年間で4つしか勝てなかった。だがNZ代表（オールブラックス）ジュニアを敵地ウエリントンで1963年6月3日に破るという歴史的な勝利を飾った。

「接近、展開、連続」の理論を築いた監督・大西鐵之祐は実力を試すゲームと捉え、ジャパンの持ち味を生かした技術（ショートラインアウト、FBのライン参加など）が開花し、無欲の勝利を選手とともに喜び、讃えあった。

WTB 坂田好弘のトライと遠征メンバー
（提供：日本ラグビーデジタルミュージアム）

NZジュニアの勝利は世界を震撼させた。

大西は必勝を誓った3ポイントは、「捨て身で行けば必ず勝てる」、「攻撃はこれまで練習してきたことを自信もって敢行する」、「防御は冷静に相手の動きを見て忠実に防御網を敷き、タックルは足首に捨て身でやる」であり、まさに会心のゲームを勝ち取った。

ゲームを振り返れば、前半は17対11（4トライ1G1PG）でリードのジャパン、後半はカンペイで萬谷勝治のトライと坂田好弘のトライ（ゴール不成功）で6点、一方NZは2トライと1Gで8点、結局23対19で大金星を挙げた。

「外国チームと戦うには相手を20点以内に抑えないと勝てない、また相手から20点以上取れる自信がある」という大西は一点の迷いもない信念の人だ。そしてロッカールームで水杯を交わし、ジャパンの戦士も死ぬ気で立ち向かった一戦だった。後日談であるが、なぜかこの試合の録画はなく、またNZ側も残したくない記憶で保存も少ないそうだ。

だが戦後20年近く経過したNZ遠征時であったが、かつては日本とNZの関係は太平洋戦争に伴う対英宣戦布告により悪化をたどった時もあった。1944（昭和19）年頃にはNZの巡洋艦2隻が日本本土を攻撃し、また日本軍がNZ艦を攻撃した悲惨な出来事もあった。今回の遠征について、地元紙から「1952年、両国は外交関係を築くようになったという歴史を鑑み、ジャパンのNZ遠征は親善回復と一層の友好を築くのに何よりの効果をもたらした」と伝えられた。信じられないが、この試合でラグビーを初めて観たという当時の駐NZの日本代理大使、就任以来何をしていたのか。今回の遠征でやっと話の中に入って友好を築くことができたと反省したと思われる。

それだけでなく「ラグビーの力」を認識したはずの外務省、どんなコメントを残したのか。いかなる交流親善会や商品展示会を開催しても、「スポーツに勝るものはない」を証明したNZ遠征だったという（『毎日新聞』1968年7月1日）。

それから6年、1974（昭和44）年5月にジャパンはNZに遠征し再戦した。相手NZジュニアの気迫が優った一戦だった。後半、若手起用のジャパンは追い上げたが31対55で敗れた。だが「FB植山信幸はNZを訪れた最優秀FB（フルバック）」と地元紙から称賛された。

1971年、惜敗となったイングランド戦……
歴史的創造者をめざして

それから3年後の1971（昭和46）年9月28日、ジャパンのCTB選手が相手ゴール前でパスしていたら勝てたゲームを演じたイングランド戦、2万3千の大観衆でスタンドがあふれ、グラウンドで観戦したファン（今なら消防法違反だろう）がいたテストマッチだった。結局は3（1PG）対6（2PG）と惜敗（テストマッチNo．34）だったが、相手をノートライに押さえたジャパンのプレーにしびれたファンは多かったに違いない。

試合を振り返って大西監督は「FWの健闘は賞賛以上のものであった。体の小さい日本チームでも世界の一流を相手にノートライに抑えられることを実証した。こ

スタンドからあふれた芝生席の観衆とスコア
（JRFU機関誌1971年Vol.21 2号）

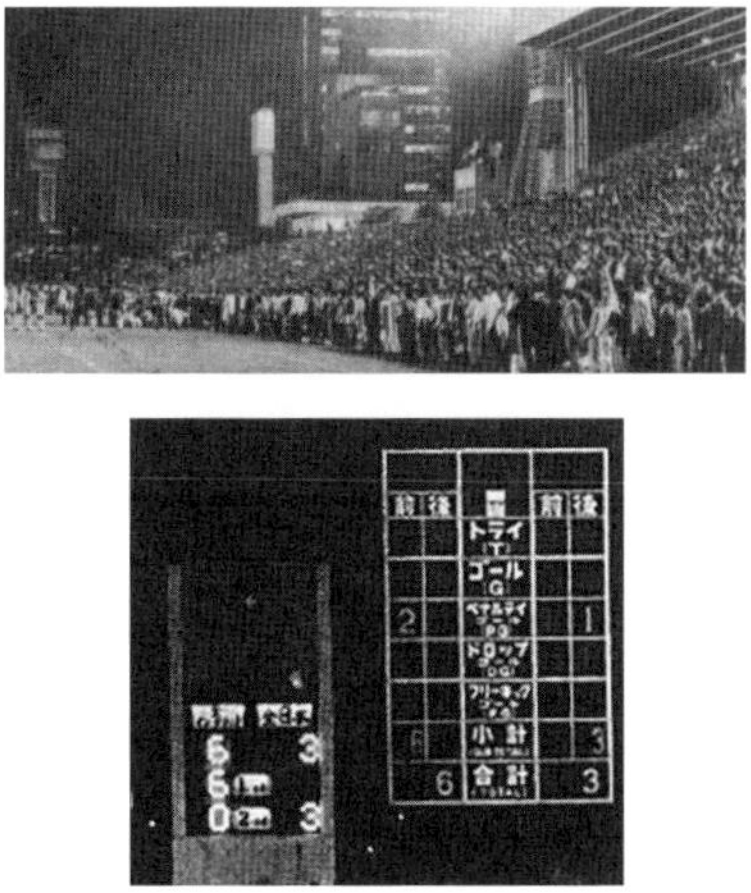

の二つの成果は何物にも代えがたい。現在の全日本選手は世界の一流を相手に作り出した歴史的創造ということができる」と語る（ＪＲＦＵ機関紙１９７１年Ｖｏｌ．21／２号）。

このゲームの戦術は「展開・接近・連続」に加えて、まずボールをとること、ゲインライン突破に多彩なプレーをすること、防御網を完備すること、斬新的な攻撃を考えることを徹底し、事実体力の限界まで戦い抜いた。まさに大西は日本ラグビーの将来を見据え、「我々の双肩にかかっている。この栄光の認識に立って日本ラグビーの歴史的創造者となれ」と鼓舞激励し、ラグビー発祥のイングランドとの悔いなき一戦に挑んだ。

話は変わるが、グラウンドに観客があふれてレフェリーがトライを確認できなかった国際試合を思い出した。１９２５（大正14）年のアイルランド対スコットランド戦だったと思う。ハーフタイムまでは同点だったが、その後アイルランドは3トライを追加した。ところがスタンドから熱狂したファンがインゴールやフィールドにはみ出し、レフェリーはアイルランドのトライの確認ができず3トライは無効となってしまったという。

だがスコットランドのキャプテンは正直に「トライは明らかだ」とレフェリーに言ったが、目視確認ができないことを理由に聞き入れられなかった。3万5千人収容の競技場を4千人も余分に入場させたアイルランド側の失態だが、フルタイム後、観衆はどんな行動をしたのだろうか。

ちなみにこの数年前からアイルランド協会はスタンドを増築してきたがこのテストマッチには間に合わなかったようだ。この時イングランドのトイッケナムはすでに6万人収容のスタジアムを完成させていたのには驚く。

１９７２年、豪州コルツのラフプレーとグラウンドに入った通訳

本場のプレーが見られることを期待していたラグビーファンを裏切った外国人チームを紹介してみたい。１９７２（昭和47）年に来日した豪州代表コルツ（23歳以下）の試合はテレビ中継もあり、覚えている方は多いかもしれない。

ボールをパス後に襲いかかる（『夕刊フジ』）

３人がかりで日本選手を蹴り合う
（『報知新聞』４月５日）

前年の9月にイングランドを3対6と惜敗したがノートライに封じ、世界を震撼させたゲームを演じたジャパンを意識して来日した23歳以下のコルツ、なかには将来豪州代表と言われるメンバーが来日した。日本では5戦して3勝2敗とし、2つの黒星は想定外でかなりショックだったようだ。そして観衆7千人が花園のスタンドを埋めつくした6戦目（テストマッチＮｏ．35）を迎えた。

開始早々からラフプレーがあり、前半3分相手ゴール前のもみ合いの中でＦＷ下園征昭の顔面にパンチがヒット。その後ＦＷ山口良治が顔を踏まれた。特にひどかったのはラック内での膝蹴り、目つぶしなどの乱暴だったという。パスの後にＳＨ今里良三にノーボール・チャージ、立ち上がるＳＯ藤本忠正にパンチなどやりたい放題のコルツ。ＦＷ原進は「スクラムを組んだ気がしない。首を絞められ、殴られてのケンカですよ」と語る。岡仁詩監督（１９２９―２００７元同志社大監督）は「これからはボクシングの練習をしなければ。あんなプレーが許されて、それを乗り越えなければならないなら止めてしまいたい。ひどすぎる」（毎日新聞１９７２年4月3日）と試合後泣いていたという。

「〝親善〟をスパイク、〝友情〟をパンチ」という見出しで乱闘を詳報したのは夕刊紙もあった。その中でＳＨ今里は試合翌日出勤したら女子社員は顔を見て「まるでケンカしたみたい」と言われ、藤本は「今朝になっても鼻のハレがひかない。奴らはひどいですよ」（夕刊フジ同年4月5日）と怒りが収まらない。

相手の言い分はどうか。「日本選手がスクラムでルールを無視してボールインの前にプッシュしてきたのが始まりで、先に足を出したのは日本だ」と息巻いており、ファーネス監督はこう言う。「ラフプレーが目立ったと言うが決して我々だけが悪いのではない。何かあったに違いない。責任は双方にある」(報知新聞同日)と報じている。

しかしJRFUには抗議の電話が鳴り続けた。「国辱だ。断じて許せない」という厳しいものばかりだった。豪州紙の特派員も「国際親善のゲームでこんなラフプレーをすることが信じられない。悲しい」と母国選手に同情の余地なかった。この試合、ジャパンが24対22でラフプレーを乗り越えて勝利を飾ったが、後味の悪いものとなった。しかし、スクラムは押すものではないと言うコルツにとって、強力なプレシャーを与えた日本に脅威を感じたのは確かだ。

最終戦テストマッチを前にTV局からビデオテープを借用しプレーを検証し、協議した結果、暴力当事者のコルツFW選手を最終戦出場停止の処分とした。その結果は17対17の引き分けに終わり、反則数も前試合27から15に減ったクリーンな試合だった。

ところでラフプレー試合を裁いたレフェリー池田正徳は「国際ゲームなのでなるべく退場させないでおこうと思った。私の力で裁ききれず乱闘の後、今度やれば退場と言ったのですが」と語り、通訳をグラウンドに入れてコルツ選手に説明したのは前代未聞である。

ルールは世界共通なのだから、英会話が不得手でも、毅然とした態度でタイミングよく対処すればよかった。この事件で「英語の達者な国際試合に通用するレフェリーを育成しなければと分かるが協会に金と時間がない」と嘆く協会の理事もいたという。英会話達者なレフェリーを育てることの課題は今でも変わらない。

後日談であるが、レフェリーの指名をコルツに与えたのは納得がいかない。JRFUは5試合終えて、だれが適切なレフェリーかを選ばせたというが、そのような措置は国際試合の慣例にあったのか。今ではテストマッチは中立な立場の国からレフェリーが派遣されることになっている。

1975年、対英国チーム24年目の勝利

英国の大学チームが初めて来日したのは1952(昭和47)年10月、オックスフォード大だった。その

後1953年9月のケンブリッジ大、1959年9月にはオックス・ブリッジ大連合、彼らの日本遠征でジャパンの勝利は見られなかった。23年の時を経てた1975年3月、ジャパンはケンブリッジ大（テストマッチNo．45）に16対13で勝利し、対英国チーム28連敗に終止符を打った。

　勝ち取った金星の内容は、WTB藤原優の同点トライとFB植山信幸の鮮やかな決勝PGが決まった16対13のゲームだった。後半には、3万5千の観衆はPG狙いでなく、なんとスクラムを要求したシーンがあったという。勝因を挙げれば「FWが頑張り、ボールをとれるようになったことだ」と言うのは試合観戦したジャパンのウイングの座を12年間守った伊藤忠幸だ。そして「今後の課題は底辺拡大だ」とアドバイスしたのはケ大のピア団長である。

1983年、〝ジャパン〟大健闘の対ウエールズ戦

今でもこの試合をユーチューブで見ることができる。

　1983（昭和58）年10月22日敵地アームズパーク、ウエールズ相手に5点差まで詰めたプレー、特に後半ラックから左オープンで22分FB谷藤尚之、スクラムサイドを突いて35m走り切った31分千田美智仁、38分ゴール前ショートトラインアウトで大八木淳史がキャッチしフォローした藤田剛の三つのトライは見事だった。2019RWCで大活躍のジャパンの選手達と重なるプレーぶりである。

　日比野弘監督は255日前からチームをこの日に照準を合わせた。だが信じられないが合同練習はわずか50

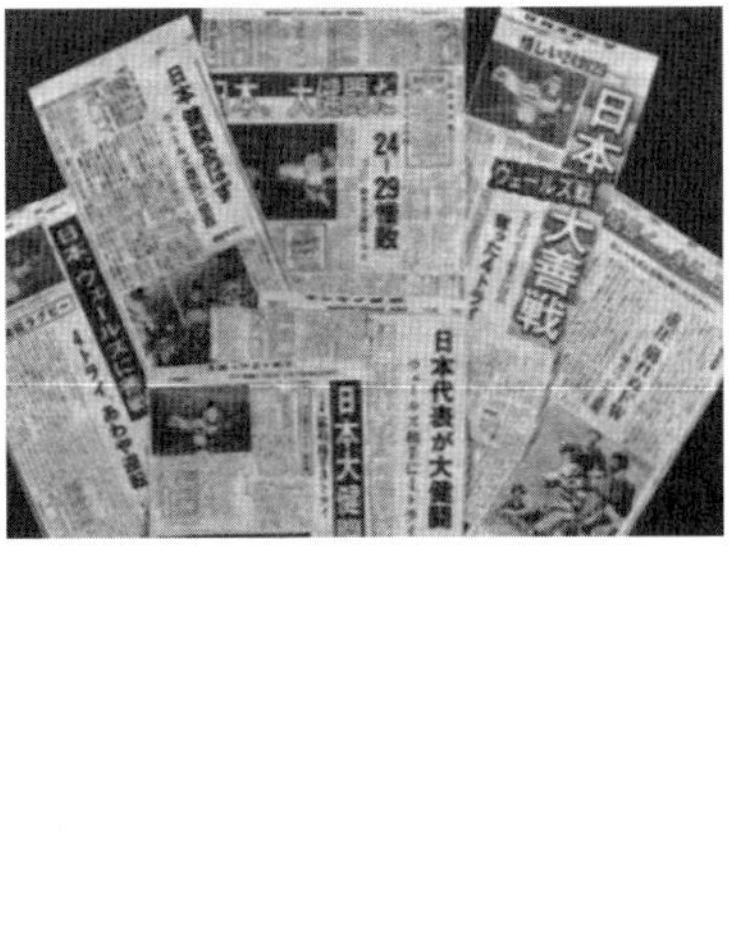

JRFU 機関誌　日本ラグビーミュージアム

時間だった。日比野の選手への要望は10％の筋力アップとランニングラグビーをすることだった。そこで小田伸午（東大ラグビー部出身、京大教授を経て現在関西大教授）に筋力アップトレーニングのプログラムを取組んで頂いた。

実はこの遠征チームに手ごたえを感じたのは、同年9月25日国立競技場、10対15と勝てなかったがオックスフォード・ケンブリッジ大連合のゲームだった。そして強化のポイントは「ティーチング、コーチング、トレーニング」とし、特にサイド攻撃に優位性を見出していた。遠征前に日比野は「FWのサイド攻撃が可能になれば遠征は成功する」と選手を鼓舞した。ゲーム当日、キャプテン松尾雄治は涙を流しながら命がけでこの試合に臨むことを呼びかけたという。

思い起こせば、1982年度はカナダ戦、NZ遠征、3か国対抗戦など国際試合を経験し、仕上げがウエールズ戦という目標がしっかりした中で実力を見極めながら進めた結果だった。つまり、しっかりした準備と確実な強化プロセスを築き上げた結果が敵地での大健闘になったと言えるだろう。フルタイムの後、スタンドから観衆がグラウンドにいる選手をめがけて走ってくるシーンには驚いた。お互いエール交換する間もなく急いでスタンド下に帰って行った場面は印象的である。

40年目で欧州に初勝利、勝てなかった時代から実力の〝ジャパン〟へ

1987（昭62）年に始まった第1回RWCでは全敗、当時の金野滋団長は大会予選の対イングランド7対60の結果から「力がついてきたが日本にはまだ真の戦う力がない」と反省する。当時のジャパン、ひのき舞台を踏める技術も体力もなかったが、一方早明戦で1試合6万人を超える観衆を集めるラグビー人気でも、逆に実力は世界から引き離れていくように感じる時だった。

RWC1991で念願のジャパンの初勝利はジンバエブから得たが、その後第7回RWC2011を終えて24戦1勝2分21敗の成績である。特にRWC1995、対NZ戦17対145の点差は不名誉な大会記録として今も残る。「スピードとスキルの差を

見せつけられた」と当時の主将である薫田真広は振り返る。

２０１２（平成24）年、名将エディー・ジョーンズを迎えたジャパンの進化はめざましかった。１９７３年の英仏遠征を開始して以来、40年目にしての欧州初勝利は２０１２年11月の対ルーマニア戦34対23だった。「世界中のどの国よりもハードワークしてきたことがこの勝利につながった」と語るエディージャパン、ＲＷＣ２０１５に向けて好発進だった。

何といっても特筆すべきは２０１３年６月、ウエールズに23対８で歴史的な勝利を挙げたジャパン、秩父宮のファンを興奮させた。「素晴らしいキャプテンがチームをリードし、２万人の観衆が後押しした。世界のトップ国を倒すという栄誉を味わわせてくれた選手に感謝している」とエディーは語る。

それだけではない。その３日後にカナダを16対13、さらにその３日後には米国を38対20で撃破した。スクラムとラインアウトの強化とフィットネスが生んだ結果だった。

２０１３年11月のロシア戦から１年間で11連勝を記録した。特に２０１４年６月のイタリア戦に初勝利した１戦は26対23、スクラムの勝利でもあった。世界10位に躍り出た。かつては小さくてスピードのあるジャパン戦士はフィジカルの進化と猛練習で強くなった。

ＲＷＣ本番２年前から対戦を想定し、諸外国と戦ってきた積み上げの成果がＲＷＣ２０１５での南アからの勝利（34対32）に結びつく。「教えた通り、練習した通りのゲームはない」とエディーは言う。主体的に決断し、実行することを身に着けたジャパンがフルタイム直前のトライシーンを演出した。

そしてＲＷＣ２０１９、ヘッドコーチのジェイミー・ジョセフ率いるジャパンはアイルランド、スコットランドを撃破し、ベスト８進出を勝ち取った。奇跡でもなんでもない。厳しい練習の成果だがサンウルブズへの参加による強化も見逃せない。

ジェイミーは試合を振り返り、「日本全体を見渡せば、これがこのチームとこの国にとって、どれほど特別な瞬間か分かる。まずは台風で家族を亡くした人々にお悔やみを伝えたい。そのことを今日チームで話し、ものすごい闘志につながった」と語っていた。台風で２試合が中止になった稀有な大会でもあった。ＲＷＣ２０１５と２０１９の大会で勝ち取った七つの勝利から感じることとは、ジャパンの強さと逞しさがもっと進化することの確信だ。ＲＷＣ２０２３フランス大会が待ち遠しい。

第四章

〝ジャパン〟、初テストマッチの出来事と高校ジャパンの初海外遠征

第四章　〝ジャパン〟、初テストマッチの出来事と高校ジャパンの初海外遠征

テストマッチまでの経緯

日本ラグビー協会（以下ＪＲＦＵという）では、日本代表チームの国際試合（国別対抗）ごとに番号を付けている。ＲＷＣ２０１９の準々決勝、対南アフリカ戦が３５７試合目である。では第1回テストマッチはいつキックオフされたのかを調べてみると、今から90年以上前、１９３０（昭和5）年9月24日と記録されている。ジャパンが世界と戦うには海外での試合経験が必要であり、その強さはここから始まった。

　１９２７年早稲田の豪州遠征がジャパンのカナダ遠征へのきっかけにもなっている。それは早稲田が豪州遠征の時に印象を与えた規律ある選手の態度であった。

　１９２５年からシドニー総領事を務めていた徳川家正（第17代徳川家）は、その話を聞いて感激し、スポーツの外交力を初めて知った。そして１９２９年にカナダ公使に転じられてからカナダラグビー協会Ｊ・Ｆ・スミ

ジャパンの初テストマッチ３－３
『The Vancouver Sun』1930.9.25
（バンクーバー・アーカイブズ所蔵）

Rep Squad Holds Nippon Fifteen to Low Score Draw

Nearly 3000 See Hard-Fought Match Featured By Deadly Tackling

Japanese, Much Superior First Half, Are Smothered in Second

Sparks From Sport Wheel

Shriners to Hold Golf Tournament At Quilchena Club

ジャパンの戦士たち　1930年9月
（バンクーバー・アーカイブズ所蔵）

ス会長にこの話が伝えられ、早稲田ラグビー部に招待状を送ったという。しかし諸事情で中止になり、ＪＲＦＵがこの話を受け入れることになった。

もう少し詳らかにすれば、「日本ラグビー協会はカナダ遠征が決定する前から海外遠征を検討していた。1929年の春に日本ラグビー協会から英国ラグビー協会に日本チームの派遣をお願いしたが、時を同じくして英国ラグビー協会では英国代表のニュージーランド遠征と南アフリカ代表の招聘がすでに決まっており、この2つの案件が終了後であれば日本ラグビー協会の申し出に応じられる。結局断念することになったが、偶然にもカナダラグビー協会から早稲田大学高田早苗総長（1860～1938）を介して1930年に日本チームを招聘したという話を頂いた」とスポーツ史研究家の田尾栄一は記している（ＪＲＦＵ機関誌1961年Ｖｏｌ．9／4）。

しかし、ＪＲＦＵは全国の学生とＯＢに呼びかけ、1930年5月に東西で2試合の選抜試合を行い、25名の代表選手を選出した。とはいえ昭和恐慌の真っただ中、ＪＲＦＵには資金がない。

幸いにも大倉財閥の大倉喜七郎から支援を頂き、当時のＪＲＦＵ高木喜寛会長と田辺九萬三理事長が秩父宮様に説明し了解を得ることができた。そして全国の学生とＯＢを選抜し、4チームを編成してこの年の5月に2試合のセレクションを行い、早慶明大学を中心に学生19名、大学ＯＢ6名で全日本チームを編成した。そして山中湖畔で強化合宿を経てカナダ遠征に備えた。

さて、ジャパンを乗せたハワイ丸は、1930年8月17日、横浜を出港しバンクーバーに向かった。全くカナダラグビー情報もなく、8月29日の上陸前に香山蕃監督が選手達に話したことは「勝敗は別にして汚いプレーだけはしない、負けてもフェアプレーでいこう」というものだった。そして彼は現地に住む何万人の日本からの移民の方々のことを慮ると、勝負よりもグラウンドでの姿勢が彼らに与える影響は大きいと思っていた。

〝ジャパン〟の初勝利とグラウンドを訪ねて

筆者は2019（令和元）年8月下旬のバンクーバー滞在中、ジャパンが戦ったグラウンド探しにスタンレー公園に向かった。「Brockton Point」（ブロックトン・ポイント）の標識に沿って歩くと手入れの行き届いた芝のグラウンドを見つけた。カモが親子でグラウンドを横切る光景にも遭遇したが、クラブハウスもある。当時の写真からその位置は違っているようにも見えた。

1930年9月1日、遠征第1戦対バンクーバー選抜を迎えたスタンドとグラウンドを眺め、海外初遠征のフィフティーン、どんな思いでグラウンドに飛び出したのだろうかと瞑想した。日系二世で構成し、カナダ野球界を震撼させた「バンクーバー朝日」の選手たちもここに来てジャパンに声援を送ったに違いない。

当時を振り返ると、何も情報のないままキックオフ、香山はしばらく戦況を見つめた後に試合展開を予測し、こんな言葉を残している。「しかしながら漸くにして私の胸の底にはバンクーバーの9月の朝の様に薄い靄に蔽われながら柔らかい輝きを認めことができた」と勝てそうな相手だと感じたようだ。しかし2トライなどで0対13とされた。その後、ジャパン初のトライは藤井が見事にゴールポスト近くに決めた。さらに2トライを決めて前半を11対13と追い上げた。後半お互いに点を取り合い、14対18なったがスタンドからは「ジャパン！」、「バンクーバー！」の声で騒然となる中、田中のトライ、ゴールで19対18となり逆転に成功し、その後も加点して22対18となった。これはジャパンの初勝利である。

スタンレー公園ブロックトンの
グラウンドとクラブハウス
共に筆者撮影2019年8月

英国スポーツ雑誌『アスレティック・ニュース』は「Will Japan Become a Power in the Rugby World?」という見出しで、「日本がラグビーを始めて既に30年以上の経験をもっているということは恐らく英国人は予想すらしなかったことである。（中略）日本チームのスピードあるプレーとハンドリングの正確さは特筆に値するものであり、特にＷＴＢがタッチに追い込まれないで内方に切れることの巧みさに至っては驚嘆のほかない」と世界に伝えている。２０１９年ワールドカップでのジャパンの活躍の原点はここから始まったとも言えよう。

香山蕃によれば、勝因はチャンスをうまくつかめる選手が沢山いたためだと言う。さらにフロントローの選手がスクラムブレイク後にウイングの外までバックアップしてくる選手がいて、また走力のあるスクラム一列目の選手の忠実な動きも評価している。

〝ジャパン〟、初のテストマッチは引き分け

２戦以降も持ち味を発揮したジャパンは5戦全勝、第6戦9月24日ブリティッシュ・コロンビア（以下ＢＣ）州代表と初めてのテストマッチを迎えることになった。開始1分で鳥羽が怪我で退場を余儀なくされた。交代選手を出せないルールの時代、14人対15人の戦いになったが、ＢＣ州の代表チーム監督であるチレットは「変わりはいるか？」と香山に聞いてきた。問い返すと「変わりがいたら出せ」という。「いない」と答えたら相手は一人減らした。「なぜ減らしたのか」と香山が問うと、「余計なお世話だ、ほっといてくれ」という。

結局、ジャパンは出場する予定のない選手を用意し、15人対等で再開した。あくまでも対等の条件で戦うことを主張するチレットだった。ルールはプレーの決まりだが、この対処ではラグビー精神をもって相手への敬意を示したことである。結果は3対3の引き分けとなった。最終第7戦に勝利して6勝1分けで帰国した。余談だが、最終戦で香山はレフリーを務め、公平なレフリングにフルタイム後に相手チームから胴上げされたという。

バンクーバー市立図書館を訪ねて……教科書にも載った初のテストマッチの出来事

ダウンタウンのメインストーリーを歩き、訪れたのがバンクーバー市立図書館だった。早速レファレンスコーナーで、「1930年にジャパンがここで試合した記録を探している」と尋ねたら、検索端末から探り当てた数種類の資料や新聞スクラップなどを見せていただいた。

この中になんと国語の教科書があったことに驚いた。この試合の出来事が文部省検定の中学1年生向けの『新しい国語』（柳田国男編東京書籍 1960年1月発行）に「スポーツの心」（間中進著 逍遙書院 1951年）というテーマで取り上げられていたのだ。

内容は選手交代を認めるようすすめるBC州チーム監督の、勝敗ではなく相手を気遣う心の広さと同じ条件で戦う姿勢、同時に「スポーツマン・シップとは何か」を伝え、読者に問いかける文章になっている。それはラグビー憲章にある「結束、尊敬、規律、情熱、品位」そのものであり、ピッチ内外を問わず選手・チーム、観衆にも求められるスピリットでもある。

同館でジャパンの活躍などを伝える資料が他にないかと聞くと、「それならバンクーバー・アーカイブズにあるかもしれない。行くならあらかじめ電話をしておく」と地図を頂き、親切な対応に感謝して向かった。

バンクーバー・アーカイブズにて

バンクーバー・アーカイブズはイングリッシュ湾を臨むキツラノビーチパークの裏手、ベニエイ公園内に位置する。入り口の脇には初代アーキビストを顕彰し、マシュー氏の胸像がある。早速サービスカウンターで相談すると、地元紙『バンクーバー・サン』とデジタル写真コレクションの中にあるのでは、と検索端末からの回答を得た。当該紙を収めているマイクロフィルムを装填して、直接デジタル画像にして閲覧できる機器で1コマずつ送りながら探した。

見つかったのが第2戦目バンクーバー選抜と戦い22対17で勝利した1930年9月7日の記事と同月24日の

バンクーバー・アーカイブズ

『新しい国語　中学１年上』

テストマッチである。親切に対応してくれた当館のブラウニー嬢は無償で印刷までしてくれた。

第2戦の見出しは、「Visitors Give Brilliant Display in Taking Second Game,22-17」、5年前にオールブラックスを彷彿させるジャパンのスピードとスキルを讃えている内容となっている。9月25日のテストマッチについては「Rep Squad Holds Nippon Fifteen to Low Score Draw」(日本代表、引き分けに終わる)、「Nearly 3000 See Hard-Fought Match Featured By Deadly Tacking」(3千名ほどの観衆、必死のタックルで激しい戦いを見た)。地元の敗戦よりもジャパンの健闘を報じている。なおデジタル写真コレクションから5点ほどジャパンに関する写真のＵＲＬを教えて頂いた。

そして、紙面からルールと異なる対応をしたチレット監督の談話があった。「これはルールではない、当たり前のことをした」と。これまで負け続けていたカナダチーム、何とかして勝ちたいと思うチレット監督だが、あくまでも同じ条件で戦うことを主張したことに香山は驚いただろう。このようなことが地元紙から読み取れるのも面白い。だが帰国後ジャパンへの賞賛と併せて、ルールを破ったことに香山監督へ非難の声もあったという。

現地同胞へ与えた勇気と感動

結局、ジャパンはこの遠征でカナダ移民二世に勇気と感動を与え、一方カナダ側には日本の無傷の勝利だけでなく、「フェアプレー」の精神を印象づけた。それから10年後、応援頂いた日系カナダ人は強制移動・収容、財産没収、国外追放など悲惨な体験を強いられることになった。

奥村竹之助（京大ＯＢ　初代関西協会理事長）はカナダ遠征を振り返って、バンクーバーの日本領事が幣原外務大臣に宛てた手紙を『アサヒスポーツ』で紹介している。

「在留邦人側に対する影響についてみるには我が選手団の好成績及びこれに対する好評が邦人一般、なかんずく第二世たる日本人少年少女に対し民族的優秀性を実証せる生きた教訓を与えたるものなり」というジャパンの活躍が勇気を与え、そして「我々は決して白人に劣るものに非ずの信念を抱かせた」という奥村のコメントはカナダの排日運動のさなか、彼らをどれだけ勇気づけたことだろう。

また現地での日系人との交流について、『慶応蹴球部60年史』に次のように書かれている。「港について多くの同胞の出迎えを受けた時、我々遠征軍の責任はいよいよ大なるを感じたものだが、全日程を終わって輝く戦績を残したので、彼ら同胞の喜びようは一通りではなかった。(中略)ややもすれば外国人に対して卑屈になりがちな邦人二世の教育に貢献するところが大きかったということであった。またある人々は語った。今日では国際親善は公使による時代ではない。今度の遠征軍は如実に親善に貢献してくれた」と記されている。

初めてのジャパンのテストマッチ、バンクーバーの図書館と公文書館から知った話題に興味は尽きない。ところでなぜこの市立図書館に我が国の国語の教科書が所蔵されていたのだろうか。気になって問い合わせてみると、この教科書を誰かが(日本人かどうか不明)チレット監督に贈り、その後家族が図書館に寄贈したということだった。

高校〝ジャパン〟の初の海外遠征
……最終戦はカナダに涙の惜敗

全国高校ラグビー大会が50回目を迎えたのを記念して高校ジャパンを編成し、１９７１（昭和46）年３月20日からカナダに遠征した。初の海外遠征でもある。

初戦ヴィクトリア選抜を29対６で快勝した。地元紙は初戦を観て、「期待のヴィクトリア選抜がコテンパンに負けたが、ジャパンの素晴らしいプレーでなぐさめられ

坂口氏着用ジャージー

2列目左端レフリーの隣が坂口氏

た。体も小さく、軽量のＦＷは滑らかな優秀な機械のようである。さらにスクラムで低く強く当たって相手ＦＷを押し上げボールを奪う。また機敏に動いてルースを支配してしまう」と高校ジャパンペースの試合に脱帽のコメントだった。

第2戦目もバンクーバーアイランド選抜に14対8と勝利した。この日朝から雨で快速バックスの高校ジャパンに恐れを抱いた相手監督は「雨で良かった」と思っていたが、グラウンド状態に関係なく快速バックスに翻弄された。

第3戦目はバンクーバーU19には0対17で負けたが、岡仁詩コーチは「泥んこグラウンドで本来の軽快な動きはできなかった。川崎、藤原、坂口がよくやった」（1971年3月30日毎日新聞）と語った。4戦目の対同U17には12対6で勝利、記録によると3、4戦目のグラウンドはあの「ブロックトン」だった。

最終戦の相手はブリティッシュ・コロンビア州U19選抜でこれまでにない最強チーム、このチームを全カナダジュニアと称し、高校ジャパンはとって手ごわい相手だった。

負傷した選手のこと

最終戦、開始5分で高校ジャパンは負傷者を出した。この当時、国際試合では2名のリザーブ選手を出場が可能なルール改正があったが、なぜかこの試合に適用せず、交代を認められなかったという。カナダ戦のことになると、あのチレット監督の配慮で、負傷者が出ても共に15

人で戦った40年目の出来事が思い出されるが、事前の取り決め通り14名対15名で戦った。

それは遠征の前半宿泊した35万坪を有するショウーニガン・レイク・スクール（1918年創立）の学校長マクラクラン氏と金野団長との話し合いによるもので、「選手交代はラグビー精神に反する」と言う校長の理由からだった。

ところが高校ジャパンはハンディを感じさせず、前半は6対3でリード、後半相手2トライで9対6と逆転された。その後高校ジャパンは2トライを取り、16対9と勝ち越した。しかし、残り6分に16対14され、さらにフルタイム直前にトライされ16対17となり最終戦に惜敗した。一人少ない人数で大健闘した高校ジャパンに現地の2千人の観客は惜しみない拍手を送った。中には悔しくて号泣した選手もいたという。結局この遠征3勝2敗の成績で終えた。

帰国後、金野団長は挨拶の中でこう語る。「日本チームは技術的には優れていたが、やはり外国チームの体格差を完全に克服するまでには至らなかった。（中略）民泊やパーティーでも礼儀正しさや明るさなどの点で好評を受け、親善交流の使命は十分に果たせたと思う」と。一選手一軒の民泊は言葉が通じなくても貴重なラグビー以外の体験生活だった。

ところで新聞記事によると、最終戦で負傷した選手が「梶原選手（大分舞鶴高）」と書かれていた。時折ニッパツ三ツ沢のトップリーグの試合でタイムキーパーを務める梶原和明ではないかと思い、連絡したところ「名誉の負傷をしたのはこの私です」と回答を頂いた。

「最終戦は交代を認めないルールだったそうですが」と尋ねると、「交代が認められても替わりの選手はいなかったかもしれない」と語った。当時の写真などを大分の実家に保管していたが、家屋を処分した時に残念ながら廃棄したと聞いた。

元高校〝ジャパン〟選手へのインタビュー

このチームには以前神奈川県ラグビー協会理事として活躍した坂口昇（徳島県立貞光工高、現つるぎ高、東芝京浜）もロックで出場した。チームメイトにはジャパンで活躍した「アニマル」と異名をとる史上最高のトライゲッターＷＴＢ藤原優（日川高、早稲田大）を擁し、キャプテンは川崎俊正（目黒高、法政大）だった。お会いして当時の話を伺った。

3.28　対バンクーバーU19のプログラム

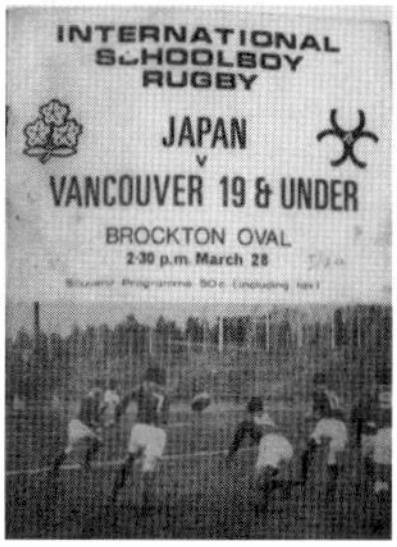

ボールキャッチする坂口

――高校ジャパンに選ばれたきっかけは？　セレクションはあったのですか？

50回目の全国高校大会に徳島県代表として貞光工高が出場し、羽咋工高を6対0、興国高を18対0と勝ち進みましたが保善高校に3対13と負けてベスト8には進めませんでした。この大会は盛岡工高が優勝しました。中学までは相撲をやって、県大会で優勝したこともありました。当時180㎝で大型ＦＷと言われましたが、まさか代表に選ばれるとは思ってもいませんでした。おそらく大会出場選手のプレーを見て選んだのでしょう。3月20日に出発し、4月8日に帰国しましたので卒業式や入社式には出られませんでした。

――現地で出場した試合の感想を。

3試合出場したと思います。相手は確かに皆大型選手でしたが、ＢＫのスキル、スピードは我々のほうが優っていました。縦と横攻撃で展開・継続ラグビーを心がけました。面白いことにロッカールームでストレッチして体を温めてグランドに出て、FWとBKの全体練習を多少してキックオフでしたね。試合前30分以上の練習はなかったです。それまた現地でモール攻撃方法を初めて指導されました。それまでは味方選手をバインドして壁を作るだけでした。相手チームに2mを超すロックの選手もいましたね。

――監督、コーチは試合前どんなことを。

岡コーチは選手の自主性を重んじ、「勝ちにこだわることなく楽しんで来い」と言っていました。

――梶原選手がケガしたのを覚えていますか。

開始早々の出来事で、スタンドから観ていました。15人しかジャージーを着た選手はいませんので、初めから交代選手の用意はなかったですね。

――1ドル360円の時代、高校生にとってカナダの印象は。

楽しかったですね。遠征の前半の宿舎は学校の寄宿舎でした。その後、相手チームの選手宅にホームステイをしました。その家の地下に部屋があることに驚きました。英会話はどうにか通じましたね。帰国途中にサンフランシスコ、ハワイに寄り、各1泊しました。残念ながらワイキキでは泳げませんでした。

――この海外での貴重な体験の感想を。

田舎の高校生がレベルの高い選手の中で一緒に3週間近くの体験でした。当初不安もありましたが、これまでに経験したことがない世界に溶け込み、多くのことを学びました。だからどんな環境でも生きていけることが自信になり、それが今の自分を支えています。

第2回目の海外遠征までに5年の空白があった。その理由は代表選手が、その後大学などで活躍していないのは強化遠征が実っていないのでは、という批判があったらしい。その後、1976（昭和51）年には英国遠征（0勝7敗）、1977年には豪州遠征（3勝1分4敗）、1979年は英国遠征（1勝3敗）と勝ち越した成績はなかった。しかし素晴らしい結果を遺した遠征は1980年のNZ遠征で6戦全勝だった。その後、継続的な高校ジャパンの海外遠征が現ジャパンの実力に積み上げられている。

第五章

「海の向こう」の甲子園と台湾ラグビー史話

第五章　「海の向こう」の甲子園と台湾ラグビー史話

　高校球児のメッカ甲子園球場は全国中学野球大会（現全国高校野球大会）開催を目的に阪神電鉄が１９２４（大正13）年に建設し、同年開催の第10回大会から数えて２０２０年には１０２回を迎えた。ちなみに１９１５年の第1回大会は豊中グランド（現在、跡地は記念公園となっている）だった。

　昭和の初期、阪神電鉄はこの一帯をスポーツパークとする構想を立て、東京の神宮外苑競技場を凌ぐ南甲子園運動場を甲子園球場から徒歩15分の土地に１９２９（昭和4）年に完成した。

　一方ラグビー大会においては、野球と同じ施設だった頃もあり、１９２７年の第10回全国中等学校蹴球大会は甲子園球場で開催された。翌年の第11回大会を完成したばかりの南甲子園運動場に移し、日本一を争うことになった。しかしそのグラウンドの利用は長くは続かず、海軍に接収される前の１９４２年、第25回同大会までが中学生ラガーマンの「めざせ甲子園」だった。正確には南甲子園というべきだが。その後大会は西宮球技場へ移り、東大阪市花園ラグビー場が彼らの聖地となるのは１９６２（昭和37）年第42回大会からだ。

　このように野球とラグビーの全国大会グラウンドが共に甲子園だった時があり、日本統治の時代に台湾のチームは野球で、朝鮮のチームはラグビーで共に甲子園を合言葉に活躍した話題を紹介したい。

「海の向こう」の野球チーム・嘉義農林学校

　日本では確か２０１５（平成27）年公開された映画「ＫＡＮＯ」嘉義農林学校野球部、「１９３１海の向こうの甲子園」を観た方も多いだろう。四国・松山商業から赴任した近藤兵太郎（１８８８〜１９６６）が同校野球を指導し、台湾人（本省人）、台湾先住民族、日本人の混合チームを作った。「日本人は守備がうまく、漢族は打撃

映画　KANO のポスター
http://kano1931.com/

中央がエース呉明捷
https://ja.wikipedia.org/wiki/ 呉明捷

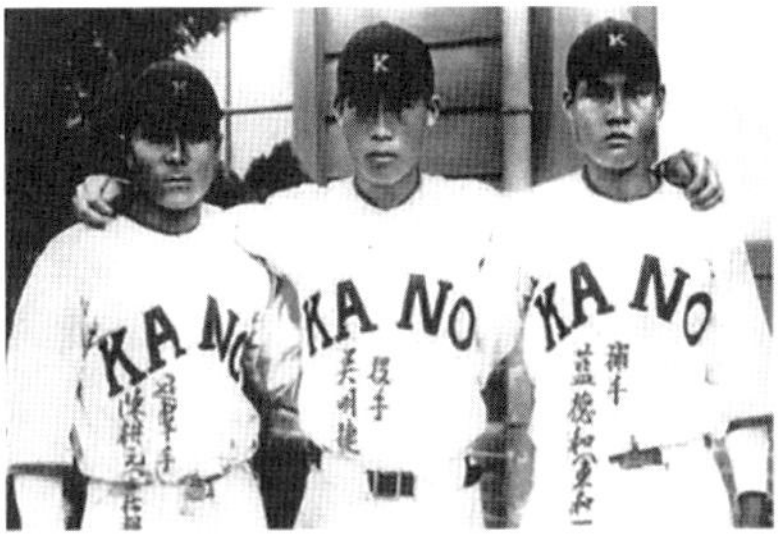

に強く、蕃族（先住民族）は走ることにたけている。こんな理想的なチームはない」と語る。「民族は関係ない。選手は球児だ」、「社会に出て通用する人をつくる」などと教え、負け続けたチームを鍛え上げ、そして台湾代表となり１９３１（昭和６）年、甲子園出場を果した話である。

　この作品を公開した際、日本統治を美化する疑いがあると台湾の一部のメディアに批判があったが、「統治された時代、日本への反感、政治的な問題があったにせよ、野球が大好きな少年達が共通の夢に向かう歴史は真実だ」という意見もあった。そして台湾では大ヒット、「２０１４台北電影節」などで各種賞を授賞した。

　しかし２０１４年11月の台湾の映画賞「金馬奨」では「ＫＡＮＯ」は予想を覆し、何一つ受賞できなかった。審査員長が中国出身の女優（陳冲）だったため、「審査員に圧力をかけたのではないか」との憶測が広がり、映画ファンの疑いは収まらなかった。さらに騒動に火を注いだ。ある女優が「金馬奨の選考は不公平で、プロフェッショナルと思えない。もう二度と参加しない」と批判した。また台湾の親中系メディアに「日本に媚びている」と批判された「ＫＡＮＯ」も中国当局に「封殺」されたのではないかとも言われている。

　話は戻るが、映画の中で、１９３１年甲子園決勝戦、中京商業との試合実況がクライマックスだ。手のマメがつぶれ血染めのエース呉明捷の力投及ばず負けたが大声援がいつまでも球場に響いた。チームのエースはその後、早稲田に学び、六大学でも活躍、在学中の7本塁打は長島茂雄に破られるまでレコードホルダーだった。

忘れかけていた事実が台湾に蘇った。そして台湾で大ヒットさせた台湾の人々の感動が日本にも伝わってきた。なぜこれ程までに台湾の観客がこの映画に共鳴したかを改めて知った。それは、筆者が思うには、台湾史に重要な台湾先住民族の再評価と日本統治による近代化の役割などが認識されるようになったのでは。

「特殊な国と国との関係」と言われ、将来的にも難しい関係を築かねばならない中国と比較しているのかもしれない。まさにこの映画は台湾人のアイデンティティーを表現しているといえよう。かつてこのような時代が台湾にあったことを両国民が知れば台湾と日本の絆は一層強くなるだろうと思った。

日本での上映大ヒット、いやホームランを期待したが意外と低調だった。ちなみに近藤は戦後四国に戻り、新田高校、愛媛大学で野球を指導、今では「愛媛野球の育ての親」と言われている。

京城師範ラグビー部の創部

もう一つの「海の向こう」とは玄海灘を超えた朝鮮（韓国）が舞台である。日韓併合の１９１０（明治43）年から日本の終戦まで35年間に及ぶ日本統治の時代である。併合した日本が朝鮮に対して行った改革は、植民地支配の拠点、土地調査事業、教育改革、身分解放などで朝鮮の首都である漢城の名前を京城（ソウル）と改称した。

近代化への改革の例を挙げると、朝鮮の識字率は６％から22％まで上げたことだ。また李氏朝鮮時代には、名前もなく、差別されていた人々にも名前を与え学校に通学し、平等に生活できるようにしたことである。

教育面では１９１０（明治43）年には全国官立学校８校、公立学校11校があり、日本統治の下に日本語教育が重視され、人文よりも実業教育に重点をおいた。特に朝鮮人と日本人が共学して融和する「内鮮共学」は新しい教育の形を示した。

その後、朝鮮人の在籍する学校で日本語の教育者を養成するために１９２１（大正10）年朝鮮総督府師範学校が設立され、翌年京城師範学校と改称された。特に日本

京城師範学校　『ソウルの歴史』

三連覇達成の選手 一列目中央が園部先生
1933年1月『凍原会の記』

統治時代、優秀な朝鮮人に高等教育よりも師範学校か商業学校に進むように指導していた。

学費免除の制度もあり、優秀で恵まれない家庭の生徒が集まった京城師範学校だが朝鮮人は20%しか在籍できず、残りは日本人が占めていた。そして卒業すれば小学校の教師か銀行員になるケースが多かった。1919年に起こった全国的な「三・一独立運動」の再発防止策の一つは、このような教育の差別化に他ならなかったかもしれない。大学進学などの高等教育を受けることによって、朝鮮の独立をめざす運動家が生まれることを日本は恐れていたのだろうか。

園部暢と京城師範の初優勝……海を渡った大旆

1928（昭和3）年、この学校に東京高等師範学校（現筑波大）でラグビーを経験した園部暢が卒業と同時に赴任した。各種運動部が盛んな文武両道の学校であるが、厳冬のオフシーズンに部活動が停滞するのを利用して、園部はバスケットボール、バレーボール、テニス、柔道、陸上競技のキャプテンを集め、大いなる理想と希望を語りラグビー部を編成し、練習を開始した。この話、冬場体力を持て余す慶應義塾生にE・B・クラークがラグビーを初めて指導した時の状況と似ているようだ。

その後、園部は1年間の志願兵を終えた後、1929年12月から本格的にラグビーのトレーニングを始めた。当時のことを「耐久力養成を主眼としたランニングパスで、ゴールからゴールまで約100米の全力疾走パス、直ちに緩走パス100米、直ちに100米の全力疾走パスを繰り返すインターバル、ランニングパスを10回から段々とその回数を繰り返した」と語り、「ラグビーの最大技術は耐久力」と考えていた。

さらに園部の熱血指導が功を奏し校内の7人制ラグビー大会には48チーム、全校500名のうち、480名が参加したというラグビー校になった。

練習の成果を発揮し、全国大会予選では京城中を破って朝鮮代表になり、1929年の第12回大会に初出場した。1回戦20対0で福岡中に勝ったが、準決勝では慶應普通部に3対8の惜敗。翌年1931年の第13回大会では8校が参加し、秋田工を31対6、同志社中を19対3、決勝で天理中を34対3で破り、見事初優勝に輝いた。

優勝メンバーの内には8名の朝鮮人がいた。その一人、崔秉七は初優勝の感激を以下のように伝えている。「遂に優勝した。そして慶應と同志社の手より他に出たことのないよう大旆《たいはい》が玄海を越えて京城に輝くことになった。まるで奇跡に類する感がある。生まれて3年の我が校ラグビー部がこの大旆をかざし得ようとは思わなかった」（ラグビーOB会『凍原会』誌）と語る。日本統治の時代、内地から渡った若き教師の熱い指導と努力が実を結んだ。

そして朝鮮総督府のラグビー部の内藤忠資（京大OB）の指導が選手に自信を与えたことも忘れられないという。

内藤は男子100m11・0秒（手動時計）の記録を1923（大正12）年7月、一高との陸上競技対抗戦で記録し、1925年には走り幅跳びで6・58mを記録したアスリートでもある。帰国後、京大営繕課に勤務しキャンパス内の建築設計を担当した。京都大学の法経本館は彼の設計である。

また内藤は1932（昭和7）年から7年間コーチとして、ラグビー理論に基づくラック戦法などで京大ラグビー部の再興に尽力した。自らレフェリーを経験した内藤は「良きレフェリーたる資格はまず冷静な気質、明晰な頭脳の持ち主であること。（中略）協会はレフェリーの人選には遺漏なきを期し、訓練することが目下の急務ではないでしょうか」と来たるべきラグビーと新しいレフリングについての論文を『アサヒスポーツ』（1936

年2月）に寄稿する理論家でもあった。

初出場した大会開催前の1929年12月の暮れに南甲子園で練習をしようした時、東西大学決定戦に出場する慶應の練習と重なり、練習マッチをすることになった。それは園部と慶應監督の中村米次郎が以前慶應普通部の監督をしていたこともあり、旧知の間柄だったからだ。そして、偶然そこにいた関西ラグビー協会の前身である西部ラグビー協会の杉本貞一会長が練習マッチを観戦し、京師のプレーヤーの体格の良さと頭脳プレーに驚き、ぜひ慶應にと進学を進めたという。

その中にいた今岡淳平と佐藤惣熊が1934年度の学生東西対抗に関西側から選出されたが、学校の試験前を理由に辞退した。寺村誠一（東大OB、第1回カナダ遠征メンバー）は中学生選手を選出した理由について、「ボールのハンドリングが抜群に良く、落球しない。キックも良く、その上に腰も強く、攻防のプレーに確実性がある」などを挙げている。優秀な大学生プレーヤーが関西に多くいるのに、中学生が選ばれるのは前代未聞のことだ。

3連覇を果たした京城師範

京城師範の話に戻るが、1931（昭和6）年の第14回大会でも見事優勝、二連覇を果たした。そして1932年の第15回大会では秋田工28対5、神戸二中24対3、天理中32対5を破り3連覇の偉業を達成した。それだけでなく1931年の明治神宮体育大会では関西代表として慶應普通部を54対0の大差で破り優勝、その後も2回優勝を果たした強豪チームだった。

1933年大会では北海中を58対0、京都一商を16対0、鞍山中を49対0、ここまで無失点で4連覇なるかと思われたが決勝で秋田工業に5対8と惜敗した。敗因は年齢制限の規定が採用されて、中心選手が大会直前に抜けたことである。

当時を振り返って「1933年11月のことである。明治神宮東西対抗で秋田工に36対8と快勝し、帰校して間もなく、思いがけぬ年齢制限の通知を受けた。（中略）予選前にそんなことがあろうかと夢にも思っていなかっただけにショックは大きく、一抹の不安がかすめた。このためチームの3分の1にあたる主力選手5人が欠け、苦しいチーム編成となった」と佐藤惣熊（１９３４年卒）は語っている。「年齢制限がなかったら5連覇も可能だった」と当時のメンバーは言う。

朝鮮教育令によれば、当時の師範学校の修業年限は普通科5年演習科1年の修業年限制であった。旧制中学も同じ5年制であるが、演習1年制のある師範学校には体格的に1年の優位性があったことに対する措置だった。１９３３年に卒業した梅本直一はラグビー部を顧みて、同窓会誌『大愛至醇』の中で次のように記している。「年齢制限・演習科不出場という制約による二本立てのメンバー編成という不利にも負けず、各年次の主将や部員が伝統を守り抜くために血の滲む修練を続けた苦心を知り、瞼の潤むのを禁じえなかった」と述べている。また下級生はオール・ホワイト（ＡＷ、オールブラックスの名前に対抗）チームを作り、大学出の選手の多い朝鮮鉄道、総督府、京城電気などの実業団チームと対戦し力をつけたという。三連覇の時に11名の選手がＡＷ出身だったのは社会人に鍛えられた結果だといえよう。

ところで戦後三連覇した学校は秋田工高、啓光学園（現常翔啓光学園）、東福岡高の3校しかなく、京城師範の偉業達成は賞賛に値するものだ。その後、園部は一身上の都合で京城師範を去り、高師の後輩塩崎光蔵にチームを託した。

時は過ぎ１９４５（昭和20）年8月15日、日本の敗戦を聞いた人々は「マンセー（万歳）」と叫び解放を喜んだ。「美軍（米軍のこと）大勝利」と書かれたのぼりが並び、人々は一斉に街に繰り出し、街を練り歩いたという。戦後廃校となった京城師範は同年10月京城師範大学となり、これまでに学んだ約8千名の卒業生の同窓組織として「醇和会」が設立された。今では九州大宰府の地に「大愛の塔」を１９７８年に建立し、校是「大愛至醇」をここに遺している。

1933年4月園部先生を送る
佐藤惣熊主将

レフェリーを務めた内藤資忠
（『凍原会の記』）

日本統治の時代、ラグビーが与えた感動

園部のことを調べてみると、１９３６（昭和11）年から4年間を福岡・修猷館中に勤めたが、戦後公職追放により教職に就けず、落ち込んでいた時もあったという。一時は運動店を経営したが、上手くいかず悩んだ時もあった。その後、追放が解除され１９５１（昭和26）年福岡県立伝習館高校に教師として復帰した。

その後、１９５９年5月、国士館大教授に就きラグビー部創部に尽力し、１９６１年には東洋大学教授となったが、同大ラグビーはその2年前に創部されていた。１９７０年、日本ラグビー協会（ＪＲＦＵ）から功労感謝状が授与され、全国高校50回大会開会式に招待された。この時には韓国と国内の京城師範ラグビー部ＯＢが20数名集まり、昔を懐かしんだ。そして１９８０（昭和55）年9月生涯を終えた。おそらく享年75歳ではないだろうか。

１９３１年1月の『朝鮮新聞』に京城師範のラグビーを振り返り、園部は「この栄えある優勝は全く偶然のものではない。京師のメンバー中に7名の朝鮮人がおり、主将もそうである。しかもこれら15人のものの団結ぶりを見て下さい。将来朝鮮教育に従事せんとする彼ら真に内鮮一体の第一線に立ち、しかもこれを理解の少ない内地の人々に朝鮮のいかなるものかを紹介し、内鮮人間の将来に光明を与えたことは京師ラグビーフィフティーンの功労でなくて何であろう」と書いている。この時代、どれだけ朝鮮の人々に勇気と感動を与えただろうか。

練習中は日本人と同じ「魔法のやかん」の水をすすり、泥まみれのグラウンドを走り、辛いときにはお互い励まし合ったに違いない。「内鮮一体」とは統治下の朝鮮において「朝鮮を差別待遇せずに日本本土と一体化しよう」というスローガンだが、彼らにはチームスポーツを通じて育まれたものだ。

京城師範ラグビーから民族差別のない仲間との間に芽生えた情熱、規律、友情、尊敬を学び、また内外地の人々に日朝の学生が成しえた偉業と結束した姿を伝えたと思われる。先の見えない諸問題を抱えている日韓の時代、このような時こそ、90年前に彼らが玄海灘を超えて優勝旗を京城に3回も持ち帰った事実を改めて伝えなければならない。

話は変わるがマラソン金メダリスト孫基禎を思い出す。1936年ベルリン五輪マラソンでの偉業に日本中が湧いた。そのことを「マラソンで日本は勝ったが、日本人が勝ったわけでない」と巷間伝えられた。また新聞掲載の表彰式の写真でシャツの日の丸が新聞社によって塗りつぶされたという。

このメダリストには「君が代」を歌えなかったという強い民族感情の誇示もあったようだ。複雑な話ではあるが、ことさら京城師範のラグビー三連覇から日朝15人の若者が結束した「さわやかさ」が伝わって来る。これこそが「スポーツの力」かもしれない。

もし京城師範ラグビーが映画になったら「KANO1931」と同じように「ラグビーが大好きな少年達が共通の夢に向かう歴史は真実だ」と言ってもらえるだろうか。アングルを変えて都合よい歴史認識をする今の韓国、この事実だけは曲げられない。

「台湾ラグビーの父」

台湾の日本統治は1895（明治28）年、日清戦争に伴う下関条約によって日本に割譲されてから1945（昭和20）年10月、第二次世界大戦の結果ポツダム宣言によって中華民国に返還されるまでの50年間である。大正時代に入ると台湾総督府は同化政策を進め台湾人への差別をなくし、鉄道、灌漑などのインフラ整備を積極的に展開した。

淡江高級中学校のラグビー発祥地記念碑
https://catalog.digitalarchives.tw/item/00/33/02/ac.html

その頃1914（大正3）年に創設した淡水中（現私立淡江高級中学校）に台湾初めてのラグビーチームが誕生したのは1923年である。『日本統治時代の台湾ラグビー発展史』（池田辰彰）から興味ある話題を紹介したい。

まずは陳清忠（1895〜1960）のことから紹介せねばならない。陳は淡水中学から1912年に同志社普通部（中学の前身）に入学、卒業後は同大文学部英文科に進んだ。戦前、台湾から同志社中学への留学生は500名以上となり、長老教中学と淡水中学出身者が半数近くを占めていた。

現役選手時代の陳清忠
https://ameblo.jp/travelofstamp/entry-11987597273.html

当時の公立中学には日本人子弟が優先され、比較的富裕層の台湾人子弟は前述の中学に進学する傾向にあり、また1937（昭和12）年までは台湾総督府の認可を得ていないので上級学校の受験資格を得られなかったという。そこで日本への留学が多くなったとも言えよう。

陳は同志社に学びラグビーを始めた。そして1918年1月、第1回中学ラグビー大会（豊中運動場3チーム参加）に出場し、陳は全同志社チームのCTBで出場、決勝で京都一商を31対0で完封し優勝した。陳は大学進学後もラグビーを続けて活躍した。

そして1921年に台湾帰国後、英語教師として淡水中に赴任した陳はラグビーを指導、台湾に初めてのラグビーチームを結成した人である。陳の指導で力をつけた淡水中は翌年には台北連合軍（台北鉄道部、台北高校、台北一中など）と戦い3対0で勝利を飾った。中学生が大人で構成されたチームに勝利するとはすごいことだ。

その後無敵を誇り、1933年まで無敗の成績を残したにもかかわらず、台湾代表で全国大会に出場していない。その理由は淡水中がキリスト教系の学校のため、日曜日は安息日で学校長が日曜の試合を許可しなかったからである。

淡水中学は１９２３年から10年間の試合で戦った相手は台北連合隊、台北高商、台湾総督府鉄道部、台北高校、台北一中などである。台北一中との試合は１９２７年（昭和2）年とあり、台北一中にチームができるまでは中学生よりも年齢の高いチームと試合をせざるをえなく、しかも負けた記録はない強豪チームだった。淡水中学はＯＢを含めたチームではないかと同書のなかで池田は推測する。

淡水中学の創部が9年目にして負けた相手は１９３３年11月、英国海軍旗艦ケントの乗組員との一戦で8対16の敗戦と記録されている。実は淡水中は前年10月に来台した同国艦カムバーランドと対戦し5対3と勝利した。本場ラグビーチームが負けたことが相当悔しく、翌年リベンジを誓ってケント号が淡水中学に勝って溜飲が下がったことだろう。

その後、陳は淡水中の校長となるがラグビー普及にも尽力し、戦後2年足らずで台湾全国ラグビー大会を開催、１９４７年には台湾ラグビー協会を設立した。今では「台湾ラグビーの父」と言われている。同協会では１９６８年から陳の栄誉を称え、「清忠杯」を設けて大会を開催している。

淡江高級中学校（現淡水中学の呼称）グラウンド近くに「台湾橄欖球開球記念碑」と刻まれた台湾のラグビー発祥の記念碑が設置されている。建立への経緯は不明だが、地下鉄淡水駅から徒歩20分の地にある。機会があれば一度は訪れてみたいと思っている。

初のテストマッチに出場した「永遠的13號」の柯子彰

「柯子彰の前に柯子彰なく、柯子彰の後に柯子彰なし」と言われ、また「不世出の名ラガー」である柯子彰（１９１０～２００１）を紹介せねばならない。柯は同志社中から早稲田大に進み主将を務め、１９３０（昭和5）年の初テストマッチのメンバーの一人である。１９３４年の対豪州学生選抜試合ではキャプテンを務めた時は24歳だった。

1930年カナダ遠征中央の柯子彰

1955年台湾全省ラグビー大会
パンフレット

「永遠的13號」のプレート

（いずれも日本ラグビーデジタルミュージアム提供）

台湾生まれの柯は敬虔なクリスチャンの家庭で育ち、1923年に同志社中学に進学した。体格にも恵まれまた運動神経も良く同志社中学では1926年から29年（1927年は大正天皇崩御中止）にかけて3年連続日本一を成し遂げたメンバーのひとりだ。同志社中を卒業後、早稲田大学商学部に入学、ラグビー部に入り早稲田黄金期の名プレーヤーとなり、1933年には主将を務めた。

柯は大学を卒業後、南満州鉄道に勤務し、ラグビーチームを立ち上げ他の鉄道局と交流した。終戦後は台湾に戻り、台湾鉄路局に入り、ラグビー部を設立、清の指導する淡水中学と親善試合をしたこともある。

1946（昭和21）年台湾省橄欖球協会を設立し、第一回全省ラグビー大会が開催され、中等組が5チーム、社会組が2チーム参加した（JRFU機関誌「日本ラグビー伝25」秋山陽一）。

1965年頃、台湾ラグビー協会理事長を務めていた柯は献身的なラグビー普及の活動をしていた。当時はラグビー人口が増加し、特に軍部ではラグビーを「軍球」と称し、「克苦耐労」、「勇敢犠牲」、「団結合作」、「絶対服従」のラグビー精神の高揚に努めたという。柯はチーム数の増加は嬉しいが、技術よりも精神面を指導する人材不足をこの先危惧していた。

そこでラグビーを通じての技術と親善の交流を図るために、この年日本から三井、大阪経大、全山口県、全国鉄を迎え、友情を深められた大会になったという。柯はアジア各国で共通のラグビー精神によって親善を深まることを期待し、いずれアジアラグビー連盟設立を願っていた（ＪＲＦＵ機関誌１９６５年Ｖｏｌ．18／１）。

２００１年柯子彰は逝去（享年90歳）、その後台湾で「永遠的13號（永遠の13番）」というドキュメンタリー番組が制作され、今でも彼を偲ぶ台湾ラガーマンは多い。２００３年、森喜朗元日本協会会長は台湾を訪れた時、台北・淡水にある柯の墓を参拝した。森の父・茂喜（１９１０～１９８９）は柯子彰とは早稲田大学ラグビー部で仲間だったからだ。そのような縁で柯は森喜朗の在学中に励ましの言葉を掛けてくれたという。なお茂喜は石川県ラグビー協会長を務めたこともあった。

台湾に楕円球を持ち込んだ人

淡水中学が創設前、陳清忠よりも前に楕円球を台湾に持ち込んだ日本人がいる。慶應義塾でクラーク、田中からラグビー指導を受け、慶應が１９０８（明治41）年、ＹＣ＆ＡＣに初勝利した時のレフェリーを務めたこともある松岡正男（１８８０～１９４４）だ。松岡の姉は日本初の女性ジャーナリスト羽仁もと子である。

慶應義塾を卒業後、台湾総督府に勤務し、１９１３（大正２）年から台北一中（現台北市立建国高級中）にラグビーを教えた。英国名門パブリックスクール並みの厳しい教育をめざし、戦前の台湾で最初の中学校として設立された学校である。しかし当時、試合相手がなく実力を試すことはなかったようだ。

20年近く経ってやっと台湾代表が中学ラグビー大会に出場が認められ、その台北一中が南甲子園の土を踏んだのは１９３１（昭和６）年、第13回大会だった。１回戦で同志社中に８対19で敗れた。

その後、台湾では台北工業、台北商業、台北二中、台北高校、宣蘭農校などでラグビーが行われた。台北一中は第20回大会まで台湾からの常連校として出場したが第21回、第22回大会は台北工業に代表を譲ったこともあった。しかし台北一中は第17回の鞍山中と同時優勝、昭和16年の第23回では見事単独優勝を飾っている。

余談だが台北一中はラグビーよりも野球が強く、1923年、1929年の夏大会、1930年には春夏甲子園の土を踏んでいる。今では台湾大学への進学が全国一の名門学校である。

台北市立建国高級中学
https://ja.wikipedia.org/wiki/

ちなみに松岡は慶應でクラークと田中からラグビー指導を受け、慶應初代のキャプテンを務めた。ある時、YC&ACから譲ってもらったボールを嬉しさのあまり抱いて寝たというエピソードも残っている。当時松岡から指導を受けた小原兵蔵、磯部秀景、角谷定正は台北一中を卒業後、早稲田でプレーし、1919年（大正8）年の対三高戦に出場している。

台湾ラグビー連盟が1928年に設立され、第1回台湾ラグビー大会が台北新公園において参加6チームで開催された。社会人から台北鉄道、高雄鉄道、台北高商OB、学生は台北帝大、台北一中、台北高商が参加し、台北鉄道が台北帝大を破って優勝した。なぜ淡水中は不参加だったのかは不明である。その当時鉄道チームは台北だけでなく、京城、新京、大連にもあり、1936年には外地都市対抗ラグビー大会が開催され、外地勤務のラガーマンが大会を盛り上げた。

第六章

横浜ラグビー史

……大正期から神奈川県ラグビー協会設立まで

第六章　横浜ラグビー……大正期から神奈川県ラグビー協会設立まで

「日本のラグビー発祥地 横浜」の記念碑建立から2年近く経過し、その存在が少しずつ人口に膾炙するようになった。中区に多く点在するいわゆる「物のはじめ」の一つとして認知され、横浜市中区発行の「中区の歴史を碑もとく絵地図」にも掲載された。これからはトラベルサイトに「訪れたいスポット」として取り上げ、ランクアップを期待したい。

大正13年創設当時のメンバー
『横浜高工ラグビー史』

さて駐屯兵や居留地民間人の主導による横浜のラグビーは1866年に始まったが、ラグビー普及に力を尽くした大正期以降のラガーマン、初代神奈川県ラグビー協会会長を務めた増田信干や同会役員を務めた斉木雅夫が遺した資料などから横浜のラグビー史を紐解くことにする。

横浜高工（現横浜国立大学）のラグビー創部

1922（大正11）年専門学校受験の浪人生活をしていた増田が初めて楕円球のボールを見たのは東京・戸塚の下宿から近い早稲田のグラウンドだった。創部4年目の早稲田ラグビー、その年11月23日に三田綱町の慶應グラウンドで第1回早慶ラグビーが行われた。これが増田の始めて見たラグビーの試合で慶應の勝利（14対0）に興奮した。

試合後の様子を「両軍の選手が退場する時、スタンドの観衆から烈しい試合を『ご苦労さん』とでもいう意味を含んだ歓声と拍手に送られた。近くで見ていた自分には慶應の選手（ＦＷ）の顔は烈しいスクラムのためか少しむくんでいる様に見えた。この試合を観てラグビーの試合のすごさと選手の気力に深い感銘を覚えた」（『日本ラグビー協会機関誌ｖｏｌ・115号1961』）と述懐している。浪人生活に終止符を打てたらラグビーをやろうと決心した。

幸い1923年、横浜高工（現横浜国立大学）に入学した増田は念願の楕円球に出会った。早速ラグビー部に入部、7、8名の部員で週1回ほどボールを蹴り合う程度の練習をしていた。この当時、ラグビー部のある学校は東京では慶應、早稲田、東京商大、帝大、一高、関西では三高、同志社、京大にしか過ぎず、いかに横浜高工のラグビー創部が早かったことか。だが9月1日の関東大震災が横浜を襲い、復興するには時間が必要だった。

したがって本格的な横浜高工のラグビー活動は1924年の2学期に入ってからだった。ラグビー部名を「ゼブラ倶楽部」と命名したが、練習方法がわからず、慶應や早稲田のグラウンドに出かけ、また慶應義塾体育会が発行した『ラグビー式フットボール』（詳細は103頁参照）を学校の図書館に購入をお願いし、部員たちと回し読みをしたことがあった。この年の6月、関東ラグビー協会が設立し、会長に田中銀之助、理事長に橋本寿三郎が就いた。

初の横浜ラグビー対決と横浜公園

横浜公園の歴史をたどってみればいわゆる「慶應の大火」（1866年）の後、都市計画によって1876（明治9）年に完成した彼我公園の中にスポーツ好きの西洋人によってクリケットグラウンドを完成させ、その他ラグビー、サッカーなど様々なスポーツに利用された。

1896年（明治29年）5月、初の国際野球試合（第一高等学校対ＹＣ＆ＡＣ《横浜カントリー・アンド・アスレティック・クラブ》や1901年（明治34）12月には日本人初のラグビー試合（慶應義塾対ＹＣ＆ＡＣ）が行われた。

１８９０年にはスポーツだけでなく、この公園で英国人がバルーンに乗って自由飛行し、観客席を設けて入場料も徴収したという。

昭和４年完成の横浜球場

復興前の横浜公園　園内の碑から撮影

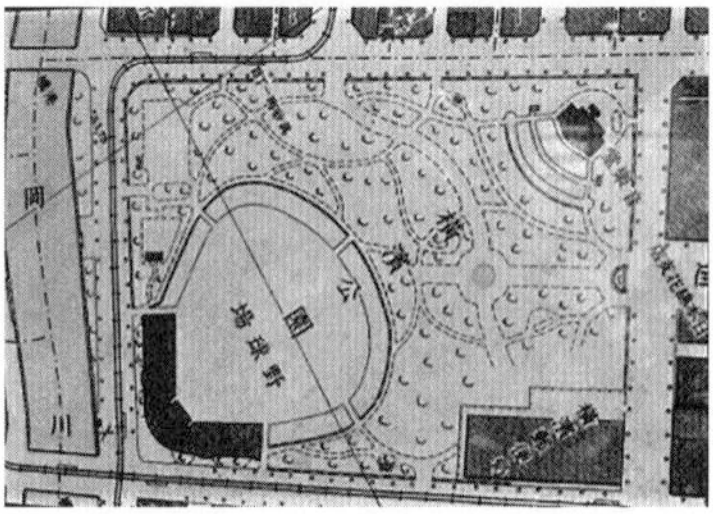

　契約があるにも拘らず、この地を手放したくないＹＣ＆ＡＣは、横浜市と公園返還を巡り数年に亘り交渉を続けた。南区中村町の油槽所の跡地を代替地とする案をＹＣ＆ＡＣに横浜市は提示した。山の上にある現ＹＣ＆ＡＣと比べれば平地であるが、居留地から遠いことを理由に断った。

　そして１９０９年8月返還問題が決着し、ＹＣ＆ＡＣは山手・矢口台に土地を確保し移転することになった。やっと市民のものになった公園だったが１９２３（大正12）年9月、関東大震災で崩壊し、一時的に被災者の生活の場にもなった。

　公園の復興は震災復興事業の一つになり、収容人員約1万9千人の野球場を含めた運動場と野外音楽堂が計画され、さらに内野スタンド内には体育館も設置された。復興事業の一環として公園の立て直しに際し、野球場は公園の核となる存在であり、１９２９（昭和４）年2月に最大9千人収容、スタンド内部に体育館も併設した施設が完成した。

　3月1日の開場式には全市小学生による体操遊戯、区対抗リレーなど行われた。そして「こけら落とし」として3月23日早慶野球戦を開催、有吉忠一横浜市長が始球式を務め、約2万人の観客で大いに盛り上がったという。横浜公園球場といっても専用でなく、冬季にはラグビーにも利用された。写真にはグランドに白線が引かれ、ラグビーのグランドのようだがインゴールエリアは変形でしかも狭く見える。

横浜高工の話題に戻そう。１９２５（大正14）年横浜商業（現市立横浜商業高校）にラグビー部が創部されたと知り、２月の半ば練習試合を行った。これが横浜にある専門学校同士の初試合であり12対０で横浜高工が勝利した。グランドの周りには学生や教職員などで溢れ、始めて観るラグビーに大いに関心が集まった。秋にも対戦し35対５で横浜高工が大勝した記録がある。

すでに横浜市民に開放されていた横浜公園の日本人同士の初めてのラグビーの試合は１９２５年12月18日、横浜高工は東京電機（東芝の前身）と対戦ではないだろうか。増田信干がこの試合をこう語る。「その試合の実現には早稲田ラグビーＯＢの小野田康一（第二代県協会会長）から指導を受けたことによる。グラウンドは横浜公園の広場で対戦し18対０で横浜高工は完敗だった」(前出の同機関誌)。

翌年１月22日にはＹＣ＆ＡＣと初対戦し３対33のスコアは完敗だったが内容は１トライを取り善戦だったという。実力を着実に付けた横浜高工は青山学院と対戦、８対６で勝利した。増田はこの試合について「青学は我々よりはるかに上手でやはり次々と攻め立てられた。ルースの時など我々のＦＷは田舎チームで人間団子のようにボールの上にベタベタと寝てしまって青学のＦＷはさぞやりにくかったろう。今考へても恥ずかしくなる」と勝ったが反省しきりの様子を伝えている。

同年２月に三中(県立緑ケ丘高の前身)グラウンドで一高とも初対戦し３対３の引き分けとなった。一高は悔しかったのか延長を申し入れたが、横浜高工は勝ち負けの野球とラグビーは異なる理由で断ったという逸話も残っている。

指導者にも恵まれ、慶應ＯＢの橋本寿三郎が腰痛にも拘らず来校し、参考になる指導を受けたこともある。例えばスクラムからボールが出たらルーズヘッド（１番）のフロントローはブレイクしたら相手のＳＯをタックルに行くなどである。日増しに力をつけたが、卒業生16名がラグビー部を抜けて残るは７名だけになった。そして学校内でラグビー部として認知されるのは１９２７（昭和２）年からである。やっとボールを購入する予算を得ることができたという。

横浜市民ラグビー大会の開催

横浜市民ラグビー大会を主催した横浜市体育会（横浜市体協の前身　以下体育会）の設立経緯から説明しなければならない。体育会設立前の1924（大正13）年11月に横浜市主催の第1回体育大会が開催された。参加したのは市内青年団、小中校、修養団（1906年に蓮沼門三が作った日本精神の普及を図る社会教育団体）からの代表が600名。競技種目は砲丸投げ、走り幅跳び、100m走などの他剣道、柔道である。ところで渋沢栄一が支援していた修養団は実業家・浅野総一郎が各地に講演に出かけ、全国的に普及していたと聞いたことがあるが、体育大会に参加するほど認知されていたことに驚いた。

競技団体の統一化の口火を切ったのは陸上競技であり、それはオリンピック第一次予選、明治神宮競技会の予選などを目的に体育協会を主催として実施することだった。そこで体育協会は水泳、庭球、野球、蹴球など各部の代表者が体育協会役員に選出して統一を図ることになる。そして1925年に神奈川体育協会、体育会が発足するこ

第2回市民大会決勝
『東京日日新聞』1931年12月7日

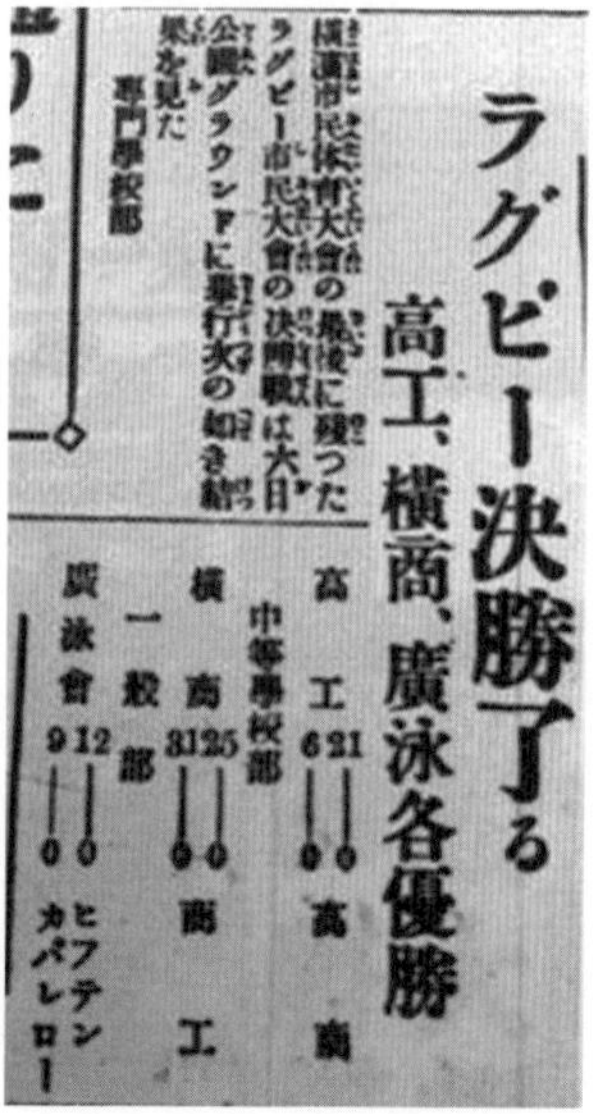
ラグビー決勝了る
高工、横商、廣泳各優勝
横濱市民体育大會の最後に殘つたラグビー市民大會の決勝戦は六日公園グラウンドに舉行次の如き結果を見た
専門學校部
高工 21—0 6—0 高商
中等學校部
横商 25—0 81—0 商工
一般部
廣泳會 12—0 9—0 ヒフテンカバレロー

『横浜貿易新報』1930年11月7日

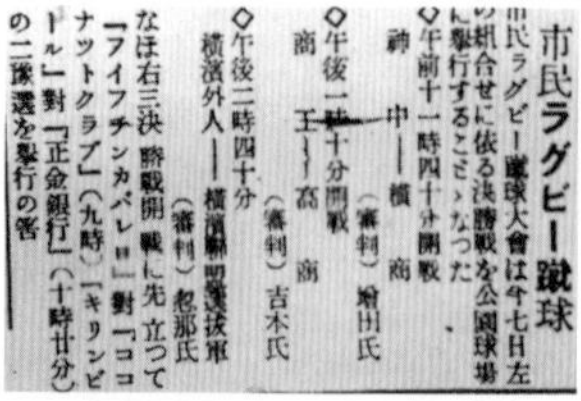
市民ラグビー蹴球
市民ラグビー蹴球大會は今七日左の組合せに依る決勝戦を公園球場に擧行することゝなつた
◇午前十一時四十分開戦
神中—横商（審判）増田氏
◇午後一時十分開戦
商工—高商（審判）吉木氏
◇午後二時四十分
横濱外人—横濱縣聯選抜軍（審判）忽那氏
なほ右三決勝戦開戦に先立つて「ココナットクラブ」對「フイフチンカバレロ」（九時）「キリンビール」對「正金銀行」（十時廿分）の二豫選を擧行の筈

『横浜貿易新報』1930年11月7日

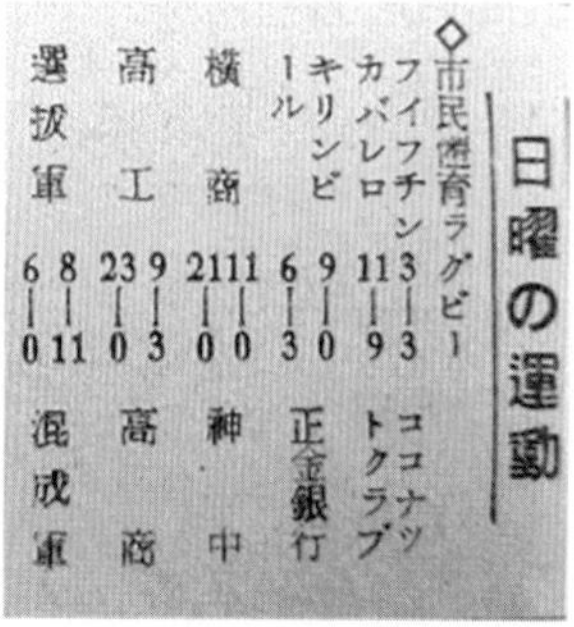
日曜の運動
◇市民體育ラグビー
フイフチンカバレロ 3—3 11—9 ココナットクラブ
キリンビール 9—0 6—3 正金銀行
横商 11—0 21—0 神中
高工 9—3 23—0 高商
選抜軍 8—11 6—0 混成軍

とになった。

体育会は特に学校スポーツの普及を大きな目標とし、後に横浜体育協会として発足するのは１９２９（昭和4）年である。横浜体育協会は野球、テニス、山岳の競技団体で構成され、１９３０年6月には慶應義塾大学新人対横浜の野球試合を主催したこともあったが、各競技（陸上、庭球、相撲、柔道、剣道、卓球、バレーボール、バスケットボール、ラグビー）による市民体育大会はこの年の10月から開催された。

この年ラグビー界の話題と言えば、ジャパンのカナダ遠征（7戦6勝1分）で初のテストマッチ、関西大学は同志社、関東大学は慶應が優勝を飾り、日本で初めてセブンズの大会が関東ラグビー協会主催で開催されるなど活発な年だった。

第1回横浜市民ラグビー大会（以下市民大会）は11月30日から開催した。『横浜貿易新報』（11月7日付）によれば、神中（現県立希望ヶ丘高）対横浜商（現市立横浜商業高校）、横浜高工対横浜高商（現横浜国立大学）、横浜外人（ＹＣ&ＡＣ）対横浜連盟選抜軍」と案内記事が掲載されている。結果は中学の部では横浜商が32対0で神中を破り、高専社会人の部では横浜高工が32対3で横浜高商を破り優勝した。横浜商工会議所から優勝カップが贈呈された。

日程と試合結果に掲載のチーム名が異なっているが、選抜は横浜選抜のことで、混成はＹＣ＆ＡＣと他チームの合同だろうか。フィフチンカバレロ、ココナットクラブ、キリンビール、正金銀行（東京銀行の前身　現三菱ＵＦＪ）の試合案内と結果が新聞社は異なるが掲載されている。

昭和7年のラグビー部　『横浜国大工学部50年史』

フィフチンカバレロとキリンがそれぞれ勝利を収めたが、この2チームは一体何を母体として発足したのか全く分からない。その他参加のチームである三井、生糸(生糸検査所?)、ゼブラ(横浜高工OB)、横商OB、弘泳会、慶應横浜会を記事から知ることができる。一都市の市民大会に14チームの参加は信じられない出来事だ。

その理由は当時、ラグビーを格闘技の一つとしてみなし、柔道や相撲の経験者がラグビーをすることもあった。だからボールを持ったら前に走ることだけを教えられた。また学生時代のラグビー経験者が社会人となり仲間を集め結成したチームもあっただろう。ちなみにサッカーの市民大会はラグビーより2年遅れの1932年からだった。

翌年の第2回市民大会でも横浜工高は27対0で横浜高商を破り二連覇を達成した。一般の部では廣泳會がフィフチンカバレロを21対0で破り優勝となった。弘泳会と廣泳會はおそらく同じチームだと思われる。県立商工実習の水泳部が冬場にラグビーを楽しむチームが弘泳会であり市民大会で連覇もした実力者だ。

1933(昭和8)年開催の第4回市民大会にはクラブチームの部ではKSクラブが横専OBを破り優勝、実業団の部では鶴見ラガーが郵船を勝ち優勝し、横浜商工会議所から優勝カップが贈呈された。

この年関東協会から優勝盾と杯が贈呈され、参加チームも増加の傾向にあった。実業団チームを挙げると共同運輸、キリンビール、鶴見ラガー、日本郵船などであり、クラブチームではKSクラブ、横専OB、弘泳ラガー、三交クラブ、正金ラガー、古河ラガー、郵船ラガー、OSKクラブ、Yクラブなど企業内のラグビー愛好者や専門学校OBがチーム形成しラグビーを楽しんでいた。また横浜学生選抜対横浜社会人選抜の試合は1932年から定期戦として試合するようになった。

横浜高工、横浜高商、横浜専門(現神奈川大学)、横浜商業専門(現横浜市立大学)の市内四専門ラグビーリーグ(横浜貿易新聞後援)が始まったのはこの年だ。横高工が全勝、横浜のラグビールーツ校の意地を見せるばかりか、関西に遠征し彦根高商、同志社高商を破るなど勢いづいていた。

1933年5月、横浜高工は海軍上層部からの依頼で1916(大正5)年に設立した追浜にある日本海軍最初の航空隊である横須賀海軍航空隊にラグビーの指導をすることになった。早速ＯＢとの混成チームを結成し練習試合もした。この航空隊は航空機の開発と、操縦練習将校の育成を目的に設立され、日本海軍の中で優秀な若者を集め、１９３０年には予科練が発足した。

ところで試合は9月にも対戦、航空隊が短期間の練習にも拘らず2試合とも快勝したという。相手選手の中には、後に勝てるはずもない戦争を知りながら散った若者がいたと思うと胸が痛む。

ミナト横浜には時折英国艦が停泊することもあり、横浜高工は１９３１年10月には英国巡洋艦サフォーク号、１９３２年2月には英艦ラジブタナ号の乗組員と対戦し共に快勝した記録もある。またＹＣ＆ＡＣとは年に1、2回対戦することもあった。横浜工高ＯＢの斉木雅夫はこう語る。「特にアフターマッチファンクションは豪華なメニューで和気あいあい、英語と日本語の会話はラガーマンのみ味わえる国際親善の社交場でもあった」。斉木は卒業後、三菱横浜造船所に勤務しラグビー支部が設置された時の所在地は自らの勤務先だった。１９３５年には関東学院高等部にラグビー部が創設され横浜5専門リーグとなった。

さらに新聞記事を追ってみると、１９３９年の市民大会クラブチーム決勝は商工ラガーがＹ校ＯＢを14対9で破り優勝、実業団チームのベスト4は鶴見製鉄、横浜正金、日本郵船、三菱倶楽部であい、優勝は鶴見製鉄が36対5で日本郵船に勝利し優勝した。この鶴見製鉄は１９１６（大正5）年に発足した横浜造船であり、社名は浅野製鉄、鶴見製鉄造船を経て日本鋼管（現ＪＦＥホールディングス）となる。

当時の試合は横浜公園グラウンド、横専球場、横商グラウンドなどで行われている。鶴見臨港鉄道（ＪＲ鶴見線の前身）球場で関東実業団鉄道省対芝浦製作所の試合もあった。調べてみるとこの野球場はＪＲ安善駅の近くにあったようだ。

専用の球技場がなくても野球場に白線を描いて楕円球を追いかけ、争奪し合ってラグビーを楽しんでいたが、戦禍が近づくにつれて新聞紙面から記事を追えることはできなくなった。神奈川県ラグビー協会発行の40周年記念誌でも１９３６年第7回市民大会から１９４２年第13回大会まで記録は「不明」と記されている。そして1943年には適性語排斥運動によって横浜工高ではラグビー部の名称も「報国団鍛錬部闘球班」と変更された。

関東ラグビー協会横浜支部(神奈川県ラグビー協会の前身)発足と横浜公園最後の試合

ラグビーを愛する横浜工高OB増田信干、同じく斉木雅夫、早稲田大OB西海一嗣の3人が1946(昭和21)年11月関東ラグビー協会横浜支部(現神奈川県ラグビー協会の前身)を発足し、三菱横浜造船所ラグビー部内に事務所を置き、支部長には増田が就いた。

その以前は関東ラグビー協会横浜地方連絡員制度で数人の連絡員を置く程度だったが、支部になれば組織的に地域のラグビー普及や大会開催を積極的に進めることができる目論見もあった。早速関東協会主催の関東実業団大会の横浜地区の24試合の日程が組まれた。だが実施されたのは4試合だけだった。残念ながらその理由は詳らかにされていない。

同年12月25日には横浜支部と横浜OB倶楽部設立発会式を兼ねたセレモニーと記念試合を企画した。横浜公園野球場は1945年9月に米軍に接収され、1946年には「ルー・ゲーリック・スタジアム」と改称された。早速5月には米軍の各チーム参加の大会が開幕し、また市民にも開放され横浜高工対高商が野球試合も行われた記録もある。占領下の球場であったが、野球などのスポーツや時には野外ステージも市民に利用されていた。

増田、斉木の粘り強い交渉の結果、進駐軍から球場の

GHQ占領下のゲーリック球場

1946年12月ゲーリック球場で試合のパンフレット

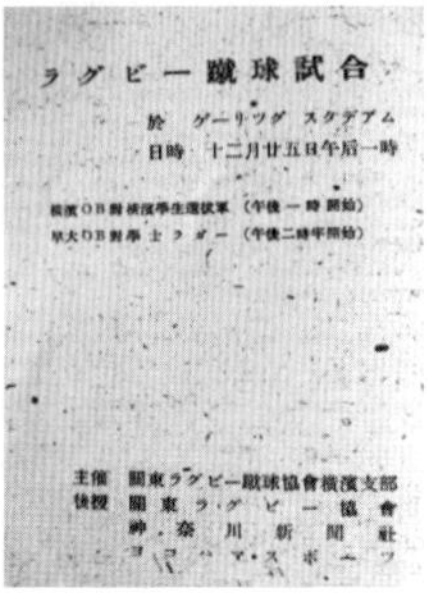

ラグビー蹴球試合

於 ゲーリツグ スタヂアム

日時 十二月廿五日午后一時

横濱OB對横濱學生選拔軍 (午後一時開始)

早大OB對學士ラガー (午後二時半開始)

主催 關東ラグビー蹴球協會横濱支部

後援 關東ラグビー協會

神奈川新聞社

ヨコハマ・スポーツ

使用許可を得て横浜ＯＢ対横浜学生選抜（6対0）、早大ＯＢ対学士ラガー（スコア不明）の2試合を行った。県内初めてのラグビー有料試合がこの日の支部結成の時であり、入場料5円（現在価値では2千円相当）にも拘らず、多くの観客でスタンドは埋まった。「その中には進駐軍人も交じっていた」と斉木は振り返る。

ところで後に横浜公園野球場でラグビーがプレーされたという記録が見つからない。おそらくこの試合が最後のラグビー試合ではないだろうか。野球場は１９５２年に接収解除され、改修を終えて5月に再開場した。そして１９５５年10月、神奈川国体の開催を機会に横浜公園平和球場と改称された。

そして１９４７年5月、役員改選と併せて横浜支部から神奈川支部と名称の変更を決定し、増田が引き続き支部長を務めた。神奈川県ラグビー協会と改称されたのは１９４８年5月のことである。その翌年協会事務局を横浜商業高校（Ｙ校）に設置し県内22チームを擁する組織となった。

ちなみに戦後復活した横浜市民大会の参加チームを列挙すると、実業団では横浜ゴム、東芝鶴見、京三製作所、東京銀行、三菱化成、日産自動車、三菱横浜造船、学校の部では神高、横浜高工、Ｙ高、横浜専門、横浜高商ＯＢ、Ｙ高ＯＢなどである。

このように大正末期から始まった横浜のラグビー、専門学校が市内に5校あることも対戦相手に恵まれ盛んになった要因だが、何といっても当時の人気のスポーツは学生野球とラグビーだった。特に早慶ラグビー、東西対抗ラグビーには開場前から長蛇の列で明治神宮外苑競技場を満員にした。

人気の原因は日本には英国のラグビー精神と似た武士道精神が背後にあり、体格は外国人選手には劣るが素早い動きと低いタックル、器用なハンドリングプレーだった。このラグビー人気が企業やクラブチーム誕生の後押をしたとも言えるが、横浜山手のパブリックスクールで同窓だったラグビー伝道師である田中銀之助とＥ・Ｂ・クラークがラグビーの機運醸成の息吹を横浜に遺していたのかもしれない。

戦後の県内ラグビー普及を調べてみると、昭和20年代半ばでは関東実業団大会において5連勝した東芝の活躍が光る。社会人、高校、クラブがチーム数を着実に増やしていった。1987（昭和57）年の第1回神奈川県実業団大会の参加チームは37、昭和60年の大会には42チームが参加した。京浜工業地帯だけでなく内陸部の企業からも工場単位でチームができたことによるが、ラグビー人口増加の要因は全国の高校、大学でのラグビー経験者が県内企業に就職した結果かもしれない。

県内の高校に目を転じれば、昭和30年代には26校、同じく40年代には44校、1986（昭和61）年には全国大会県予選になんと97校が大会に参加した。慶應高校、相模台工高、東海大相模高、桐蔭学園などが県代表として全国大会で好成績を残している。そして近年ではラグビー人口の底辺を支えるラグビースクールの活躍も全国的に注目されている。

足早に横浜のラグビーを追ってみたが、RWC2019開催で培った運営ノウハウと日本のラグビー発祥地横浜のレガシーを活用して、競技人口とラグビーファンを増やす努力はこれからも欠かせない。

第七章

日本ラグビーデジタルミュージアムとラグビー史の語り部

第七章　日本のラグビーデジタルミュージアムとラグビー史の語り部

日本ラグビーの記憶アーカイブズ

近年、デジタルアーカイブ戦略が国家的プロジェクトとして推進され始め、様々な分野の貴重な歴史資料や美術工芸品をデジタル化し公開されている。そして各機関と横断検索を可能にする国立国会図書館の運営による「ジャパンサーチ」（我が国のさまざまな分野のデジタルアーカイブと連携して、我が国が保有する多様なコンテンツのメタデータをまとめて検索できる、国の分野横断型統合ポータルサイト）も２０２０（令和２）年８月から本格運用を始めた。つまり所蔵されたままになっている歴史資料などがデジタル化され、クラウド型プラットフォームを利用して価値ある情報としてよみがえることができる時代が到来した。

　公益財団法人日本ラグビーフットボール協会（以下ＪＲＦＵ）は90年以上歴史があるにもかかわらず、集積された歴史的な記録類を公開することもなく、未整理の

「日本ラグビー デジタルミュージアム」の画面
https://trc-adeac.trc.co.jp/WJ11C0/WJJS02U/1310375100

まま保存していただけであった。したがってＪＲＦＵの歴史や収集した記録類などを公開し、レガシーとして伝える記憶装置を構築する必要があった。

そこでＲＷＣ２０１９開催時に日本のラグビー史を世界に発信する絶好の機会であると捉えた。そして日本ラグビーの知的財産をデジタル化し、公開・利用するためにＴＲＣ─ＡＤＥＡＣ社が提供するクラウド型プラットフォームシステムにＪＲＤＭを搭載し、２０１９年９月から公開された。「日本ラグビーデジタルミュージアム」（ＪＲＤＭ）はこのようなコンセプトから生まれたわけである。

幸いにもＪＲＦＵに務める富岡英輔は書庫内の整備を手始めに、デジタル化対象資料の調査と抽出、写真やテストマッチ記録の整備（特に２７４回以降の記録）、男女７人制の記録編集などデジタル化への地道な準備作業に尽力された方である。それは将来的に完成をめざす日本ラグビーミュージアムへの準備であり、田尾栄一が情熱を捧げたスポーツ博物館構想と重なる心意気である。富岡がいなくてはできなかったアーカイブ事業と言える。

閲覧・公開に際しては、ＴＲＣ─ＡＤＥＡＣ社がテキスト化作業なども担当し万全の準備で対応した。その結果、嬉しいことに２０１９年10月には公益社団法人日本文書情報マネジメント協会からこの事業に対し「ベストプラクティス賞」、また２０２０年３月にはデジタルアーカイブ学会からは第２回学会賞「実践賞」が贈られた。受賞理由は、日本ラグビーの足跡を世界へ発信し、デジタルアーカイブの新しい取組みとして注目される事例と評価されたからだ。

事業の概要を紹介すると、①『日本ラグビーフットボール協会80年史』及び『日本ラグビー全史』のテキスト化（約千頁）、②ＪＲＦＵ発行機関紙、収集した新聞記事のデジタル化（約２万６千頁）、③収集されたアナログ写真及びデジタル写真（約９千点）、④全テストマッチと各種国内外試合記録と歴代キャップホルダー情報、⑤男女７人制の記録、⑥ＲＷＣ２０１９日本開催の記録、⑦主な資料の英訳、仏訳、西訳（一部）などである。

これらの素材は日本ラグビー史を軸に、多角的な検索や優れたビュアー機能などで各大会のハイライトが閲覧できるのもデジタルアーカイブシステムの強みと言えるだろう。ちなみに英国ラグビーミュージアムには約４万点の記録、約1万7千のアーカイブ資料、約1万点の写真が所蔵されている。

まだ未整備の記録もあるが、準備次第システムにアップを続けている。公開以来、充実した内容で好評を得て順調に閲覧利用者も伸び、すでに120万アクセス（2021年4月）を突破した。魅力的なコンテンツを増やし、多くのアクセス者が増えることを期待している。なお、筆者も幸いにもこのプロジェクトに参加させて頂いた。

ラグビー博物館を夢見た田尾栄一

本書を執筆するにあたり、JRFU機関紙に田尾栄一（1903〜1987）が調査研究した貴重な記事を参考に時には抜粋させていただいた。

田尾は同志社大を卒業後、昭和の初めに旅館「三国荘」、終戦後には「スポーツマンホテル」を経営しながら関西ラグビー倶楽部の世話人を務めたこともある。京城師範のラグビーOB会の集まりには懇親会の設営にお世話したこともある。面倒見の良い方だ。

田尾はラグビーだけでなくオリンピックを中心に収集に情熱を傾けた。そのきっかけは1928（昭和3）年のアムステルダム五輪、三段跳びの金メダリストである織田幹雄（1905—1998）からヘルシンキにはスポーツ博物館が設置されていることを昭和の初めに聞いたことから始まったようだ。そこで日本にもこのような施設が設立されたら収集品寄贈の協力ができると思い活動を始めた経緯があり、その収集品は約1万5千点を超えた。

1950（昭和25）年芦屋市は田尾から約4千点の図書、写真を50万円で購入した。ところが約4年間も未整理のまま小学校の地下倉庫に保管されたままだったが、1964（昭和29）年に芦屋市図書館に移管された。

図書館で公開された時には1千148点となり、残り約3千点は行方不明になった。その他秩父宮スポーツ図書館に寄贈・寄託した点数は230点ほど。結局、収集した1万5千点のうち確認できたのは1千400点余り、残りはどこに行ってしまったのか（『スポーツ資料収集家・田尾栄一に関する一考察』及川佑介）。

田尾はJRFUの機関誌には1952年から「ラグ

ビー年表」、「ラグビー史話」、「ラグビー資料」など健筆を振るわれた。ＳＮＳのない時代、中にはどうやって入手したのかと驚くこともある。

その序文に「純情の破綻（エリス少年のこと）を生ぜしめるまでのフットボールはいかなる経道をたどって来たか。（中略）我が国においていかなる発展経路をたどってきたかを詳密に究めるデータを得るためにこの年表を作成した」と記し、年表は紀元前９００年、名著『オデュッセイア』に書かれた「ボールゲームを楽しめり」から始まる。田尾は日本ラグビー史の集大成事業を目標としていたのではないか。

こうした田尾の功績をみると、どれだけ歴史的に価値ある資料を収集しても、保存と公開の場がなければ人口に膾炙することはできず、開かれたアーカイブズが不可欠だと誰もが認めざるを得ない。改めて田尾のスポーツ文化レガシーに賭けた熱意に敬意を表したい。

テストマッチの記録編さん者、秋山陽一

秋山陽一（１９４７～２０１９）が早稲田を卒業、ＴＶＫ（テレビ神奈川）に入社後、関東大学ラグビー中継に関わるようになった。この時、「関東大学ラグビーハンドブック」を制作することになり、これがラグビー記録との出会いだという。

１９９０年頃から日本ラグビーに関する歴史資料の収集を始め、時には神田の古本屋を巡り、またはＪＲＦＵの倉庫で埃にまみれながら歴史資料を探したこともあったそうだ。

ＪＲＦＵ機関誌に掲載された２００２年から２０１６年まで70回にわたる「日本ラグビー伝」のコーナーではラグビー界のレジェンドなどを紹介してきた。秋山は3回目から執筆を担当し「ミスターラグビー、香山蕃」（第3代ＪＲＦＵ会長）、最終70回目は「廣瀬俊朗」（東芝／キャップ28）まで68名をクローズアップした。その他「誌上博物館」も執筆し、スポーツ歴史研究家として幅広く活躍された方である。

２００３（平成15）年にテレビ神奈川をリタイアされ

た後、ＩＲＢからの依頼でジャパン（日本代表）の英文表記による試合結果をまとめる作業を始めた。当初はテスト・マッチ（国同士の試合）に限定した内容だったが、２００７年のフランス大会の前に、ＪＲＦＵがキャップ対象と認定する１９３０年から２０１３年までの全試合の試合経過を含めたデータを作成し直すことになったという。

秋山の生前中、筆者は数回お会いし、ＪＲＤＭに搭載予定のテストマッチの記録について相談させていただいた。秋山はテストマッチから第1回（１９３０年ジャパン対カナダＢＣ州）から第２７３回（２０１１年ジャパン対カナダ）の両チームメンバー、レフェリー、タッチジャッジ、トライ選手名、試合経過とスコアを調べ挙げ、データで収蔵していた。丹念に新聞や機関誌、雑誌などを調べた細かな作業に頭が下がる思いだ。この貴重なデータは今ではクラウド型プラットフォームを利用したＪＲＤＭから閲覧できるが、公開前に鬼籍に入られ本当に残念でたまらない。

「早慶戦全記録」(堤 哲編著　啓文社書房)
『ラグビー 100 年問題（慶応元年のフットボール)』(秋山陽一)

第５章

『茗渓ラグビーの五十年』(昭和 50 年 6 月　東京教育大学ラグビー部・OB 会)
『大愛至醇』(醇和会　1987 年)
『ソウルの歴史』(砂本文彦　河出書房新社　2009 年)
『ボクラの京城師範附属第二国民学校』(金昌國　朝日新聞出版　2008 年)
『韓国近現代史』(池明観　明石書店　2010 年)
『茗渓ラグビーの五十年』(東京教育大学ラグビー部 OB 会　1975 年)
『凍原会の記』(京城師範ラグビー部 OB 会凍原会　1996 年)
『ラグビー』(JRFU　1966 年 Vol.25 3 号)
『日本統治時代の台湾ラグビー発展史』(池田辰彰)
『ある同志社台湾校友のライフヒストリー』(河口充勇　同志社社会学研究 No.10 2006 年)

第６章

『横浜高等工業ラグビー史』(横浜高工ラグビー部ＯＢ倶楽部編)
『横浜国立大学工学部 50 年史』(横浜国立大学)
『横浜スポーツ百年の歩み』(市体協史企画刊行委員会　1989 年 3 月)
『横浜市史通信』(横浜市史資料室　平成 21 年 11 月 30 日 第 6 号)
『神奈川ラグビー 40 年の歩み』(神奈川県ラグビー協会　1987 年)

第７章

『スポーツ資料収集家・田尾栄一に関する一考察』(及川佑介)

『世界ラグビー基礎知識』（小林深緑郎　ベースボール・マガジン社）

『開港の広場 No.69』（横浜開港資料館）
『慶応蹴球部 50 周年』（慶應蹴球部）
『神奈川ラグビー 40 年の歩み』（神奈川県ラグビー協会）

『「ラグビーの父」クラーク先生 横浜から神戸へ』（髙木應光、星野繁一）
『神奈川ラグビー 40 年の歩み』（神奈川県ラグビー協会）
『福沢諭吉をめぐる人々　高橋義雄』（『三田評論』 2019 年 7 月）
『英国風俗鏡』（発行者大倉保五郎　明治 23 年 12 月）
『オリンピック全大会』（武田 薫　朝日新聞社　2008 年）
『オリンピック全史』（デイビット・ゴールドブラッド　原書房　2018 年）
『オリンピックの真実』（佐山 和夫　潮出版社　2017 年）
『ラグビー』（ＪＲＦＵ Vol.23 6 号）
http://www.ssf.or.jp/history/essay/tabid/1124/Default.aspx （笹川スポーツ財団）
『傭兵の告白』（ジョン・ダニエル　論創社　2012 年 6 月）
『ラグビーの世界史　楕円球をめぐる 200 年』（トニー・コリンズ　白水社　2019 年）
『The Japan Weekly Mail,』（October 8, 1887）
『The Japan Gazette』（December 20, 1887）
『パブリックスクール—イギリス的紳士・淑女のつくられかた』（新井潤美　岩波書店　2016 年）
『天下の糸平 : 糸平の祖先とその子孫』（小林郊人編著　信濃郷土出版社　1967 年）
『横浜富貴楼お倉』（鳥居民　草思社　1997 年）

第 3 章

『ラグビー百年問題』（日本ラグビー狂会著　双葉社）
『ラグビー』（JRFU　1926 年 Vol.1 5 号）
『ラグビー』（JRFU　1972 年 Vol.22 5，6 号）
https://ja.wikipedia.org/wiki/ 群馬県立太田高等学校
「マチごとニュース豊中池田ニュース」
『京都大学ラグビー部 60 年史』（京都大学ラグビー部 OB　1987 年）
『日本ラグビー物語』（本領信治郎　體育日本社）

第 4 章

『カナダの歴史を知るための 50 章』（細川道久編著　明石書店）
『アサヒスポーツ』（朝日新聞社　1930 年）
『ラグビー』（JRFU　1595 年 Vol8 4 号）
「初代アーキビスト　J.S.Matthews について」：
https://www.vancouverarchives.ca/2018/09/13/our-first-city-archivist-major-j-s-matthews/
『日比野弘のラグビー全史』（日比野弘編著　ベースボール・マガジン　2011 年）
『毎日新聞』（1970 年 4 月 1 日、2 日、7 日、9 日付）
『IT'S A ROUGH GAME BUT GOOD SPORT』（Simon Drakeford）
『アサヒスポーツ』（1927 年 10 月）

参考資料

序章

『ラグビーワールドカップ2019™神奈川県・横浜市開催記録集』（神奈川県・横浜市　2020年3月）

第1章

『フットボールの文化史』（山本浩　ちくま新書）
『変貌する英国パブリックスクール』（鈴木秀人　世界思想社）
『トム・ブラウンの学校生活』（トーマス・ヒューズ　前川俊一訳　岩波書店）
『明治期の横浜における外国人スポーツクラブの活動と日本のスポーツ』（渡辺融著）
『横浜スポーツ草創史』（山本邦夫、棚田真輔著　道和書院　1977年）
『日経回廊　クラススポーツ』
『ラグビーと階級社会』（マイク・ガルブレイス、長井勉著及び訳）
http://home.att.ne.jp/kiwi/meiwa/sport23.htm　（瀬戸邦弘）「その日はみんながプレイヤー」
https://eventnuz.com/shrovetide-football/　「シュローヴタイドフットボール2019.3.5～6」
『ビクトリア朝英国人の日常生活』（ルース・グッドマン　原書房）
『ラグビー』（JRFU　1966年Vol.25 3号）
『ラグビー』（JRFU　1989年Vol.39　3号）
「The Gilbert Rugby Story」HPから

第2章

『明治期の横浜における外国人スポーツクラブの活動と日本のスポーツ』（渡辺 融　東京大学教養部体育学紀要　第10号 1976年）
『高橋是清自伝』（高橋是清　中央公論新社）
『図説　横浜外国人居留地』（横浜開港資料館　有隣堂）
『維新の港の英人たち』（ヒュー・コータッツィ　中央公論社）
『幕末・明治の横浜 西洋文化事始め』（斉藤多喜夫　明石書店）他
『人生を逆転させた男・高橋是清』（津村陽 PHP文芸文庫）
『市民グラフ　ヨコハマ』（1982年第41号、1983年46号）
『ヤング・ジャパン』（東洋文庫　1970年）
『横浜グラフィック絵葉書』（有隣堂　1989年）
『横濱山手変遷誌』（小寺 篤　山手資料館 1980年）
『昭和の横浜』（横浜市市史資料室　2008年）
『オールコックの江戸―初代英国公使が見た幕末日本』（佐野真由子　中公新書）
『高精細画像で甦る150年前の幕末・明治初期日本』（洋泉社）
『江戸幕末滞在記』（スエンソン　新人物往来社）
『ブレンワルドの幕末・明治ニッポン日記 知られざるスイス・日本の交流史』（横浜開港資料館編）
『日仏ラグビーとエリサルド』（ルネッサンスブックス刊）

あとがき

永遠のラグビー

旧制商業中学でラグビーをしていた伯父は、小柄でフルバックだったという。なぜか、大柄のフォワード主体のチームに憧れ、「祖父に明治大学に行きたい」と言ったところ、祖父は曽祖父の残した借金返済に四苦八苦しており、「行かせられない」と返事をしたそうだ。

こんな話を全然知らないまだ中学生の頃、ラグビーが好きになった。もともと早稲田に憧れており、関東大学の対抗戦で、早稲田の試合は、テレビでよく見たものだ。大西鐵之祐氏の書いたラグビーの指導書を読み、スクラムハーフにいる自分を夢見た。それから早稲田に入ったが、大学からラグビーを始めるという根性はなくなっていた。以来、関心があるのは、もっぱら早稲田のラグビーのテレビ観戦だけだった。

しかし、二〇一〇年を過ぎたあたりから、早稲田以外のラグビーがすごいと感じるようになった。帝京大学だ。たとえば、後続の選手が倒れた選手を飛び越えてボールを確保する。ラックの中で、倒れた相手選手のボールを離させないように羽交い絞めにして反則にしてしまうなどだ。他大学でもやっていたろうが、特に帝京は上手かった。

日本のラグビーが大きく変わった印象は、ワールドカップ、特に二〇一五年のワールドカップからだろう。予選リーグでの南アフリカ戦での勝利が示すように、走攻守がラグビー先進国の実力と互角になり、それが本物であることが、二〇一九年のワールドカップで示された。

本書は、そうした日本のラグビーの発祥から今日までの秘話を掘り起こし、海外でのラグビーの始まりからの様々なエピソードも検証している。毎年のように海外ミニニュースで映し出されるイギリスの寒村の球の奪い合いに、なぜロイヤルの名が冠せられているのかということまで載っている。これを読めば、私のような実質にわかファンでも、世界と日本のラグビーが把握できるのだ。

また誰もが知るラグビー校のエリック少年のエピソードに本当はこうだったという検証、なぜ早慶戦が11月23日に決められたのかなど日本ラグビーの知られざる秘話の数々、ラグビーのルールの創造と変遷などが本には満載だ。英国やカナダまで行き、取材した旺盛な好奇心、ラグビーのレフリー経験者としての鋭い分析が散りばめられている。

それにしても、西洋人のチームが、横浜で日本初のラグビーの試合を、おそらく遠くから見ていた日本人は、どう感じただろうか。想像するだけで面白い。始めは集団で喧嘩をしているのかと思ったのではないか。しかし、それにしては、笛が吹かれれば中断する。終われば何事もなかったように、和気あいあいとしている。なんなのか、これは？と思ったに違いない。

あれほど激しいぶつかり合いをしていて、ノーサイドになれば、互いに讃えあう。時に小競り合いに発展することもないとは言えないが、終わればさらりと忘れる。これこそラグビーの神髄だろう。

ワールドカップでは、人数は限られているが外国人選手も認められている。自分の住む国のチームで出たとしても、自国から裏切り者と呼ぶ者はいない。国籍に関係なく、皆ラグビーが好きで、好きでたまらない連中で、観客もそうである。ビールを飲みながら、試合に熱中するが、観客同士で敵対し合うことはない。まさに、貴族のスポーツの醍醐味がそこにある。時代とともに発展、進化するラグビーの技術と精神に永遠性を見出すのは私だけだろうか。

その昔、日本は戦争を起こした。世界の何たるかを知らず、軍部は独りよがりの理屈を振りまいて、若人を死地に行かせた。古くから陸軍士官学校や海軍兵学校で、棒倒しなんかさせずにラグビーをやらせ、積極的に海外チームと試合をやっていれば、少しは歴史が変わったのではないか。そんなことを想い巡らすことができるのも本書のおかげである。

著者長井勉氏が日本のラグビー発祥地横浜の記念碑建立に関わり、それをきっかけに精力的にラグビー史話を調べ挙げた本書は珠玉の作品といえる。この本を読んでさらにラグビーの知識と精神を学んだ。少しは高みに行けたかな、と思う。

（元産経新聞編集長　茂谷知己）

【著者略歴】
長井　勉（ながい・つとむ）
浅野高校、早稲田大学商学部卒、情報処理会社を設立。著書に『公文書館紀行』（丸善出版　2017年4月刊）、『公文書館紀行（第二弾）』（丸善出版 2019年5月刊）、『日本ラグビー、その歴史と文化を追う』（日経回廊 2016年6月）、「紙面辛口批評」（神奈川新聞 2002年1月～12月）、その他 JIIMA（公社日本文書情報マネジメント協会）機関誌を含む媒体に公文書管理に関する投稿が多数ある。2021年認証アーキビストを取得。現在、JIIMA 公文書管理研究員及び広報委員、神奈川県ラグビー協会事業委員会イベント部会長を務め、県協会発行機関誌に「ラグビー歴史散歩」を連載中。

キックオフの笛が聞こえる
──日本のラグビーは横浜から始まった

2021年7月25日　初版発行

著　者　　長井 勉　　

発行所　　丸善プラネット株式会社
〒101-0051　東京都千代田区神田神保町 2-17
電話 (03)3512-8516
http://planet.maruzen.co.jp/

発売所　　丸善出版株式会社
〒101-0051　東京都千代田区神田神保町 2-17
電話 (03)3512-3256
https://www.maruzen-publishing.co.jp/

印刷・製本／富士美術印刷株式会社
ISBN 978-4-86345-490-3 C0075　Printed in Japan